長編小説

ゆうわく家出妻

葉月奏太

竹書房文庫

目次

この作品は竹書房文庫のために
書き下ろされたものです。

第一章　転がり込んできた美女

1

吉沢直樹《よしざわなおき》はスマートフォンのアラームで目を覚ました。

（もう、朝か……）

のっそり起きあがると、とりあえずベッドに腰かけた。

部屋のなかがひんやりしている。まだ十月になったばかりだが、東京の朝とは気温が違う。冬になったらどれだけ寒いのか、ふと不安になった。

ここが札幌だということを実感して、朝っぱらからため息が漏《も》れる。転勤になって二か月が経ったが、東京に帰りたい気持ちは変わっていなかった。

突然の辞令だった。

直樹は不動産会社に勤務している入社五年目の二十七歳だ。東京本社の営業部に配属されていたが、急な人員補充が必要になり、札幌支店へ転勤になった。それが二か月前、八月のことだ。

正直、行くのがいやでたまらなかった。

東京には友達がたくさんいるし、つき合っている彼女もいた。いっしょに来てほしかったが、彼女は東京でバリバリ働いている。転勤のことを話すと、遠距離恋愛は無理だと言われて別れを告げられた。

サラリーマンである以上、転勤は断れない。辞令がおりたら従うしかない。傷心での札幌転勤となった。あえてよかったところをあげるなら、社宅の部屋が２ＬＤＫと広いことくらいだ。

直樹は立ちあがって伸びをしながら、リビングに移動した。

築浅の賃貸マンションで、鉄筋コンクリート五階建ての物件だ。会社が社宅として何部屋か借りあげており、社員に格安の家賃で提供していた。

十畳のリビングには対面キッチンが完備されており、さらに六畳の洋室がふたつある。

とにかく、ひとり暮らしには贅沢すぎる部屋だ。

東京で住んでいたアパートは六畳一間だった。少々手狭に感じていたが、困るほどではなかった。だが、今は完全に持てあましている。十畳のリビングだけで充分なのだが、使わないのはもったいないので、六畳間のひとつを寝室にした。しかし、もうひとつの六畳間は手つかずの状態だ。

それでも、家賃は東京にいたときよりずっと安い。今は会社の補助があるから当然だと思っていた。ところが、正規の家賃でも安いというから驚きだ。東京と札幌では信じられないほど家賃に差があるのだ。

トイレで用を足すと、やかんを火にかけてから顔を洗う。リビングに戻り、インスタントコーヒーを入れる。朝はほとんど食べない。ギリギリまで寝ていたいし、作るのも面倒だ。そのぶん、昼はちゃんと食べるようにしていた。

テレビをつけて、なんとなく朝のニュースを眺めながら身支度をする。ネクタイを締めると、少しだけ気持ちが引きしまった。

（そろそろ行くか）

コーヒーを飲んで出勤だ。

玄関を出て鍵《かぎ》をかけるとエレベーターホールに向かう。直樹の部屋は二階だが、五階建ての物件なのでエレベーターがあるのはうれしい。階段のほうが早いが、いつもエレベーターを使っていた。

ボタンを押してしばらくすると、チンッと音がしてエレベーターがとまった。

こういうとき、映画やドラマでは毎朝きれいな女性が乗っていて、なにかのきっかけで言葉を交わすようになる。だんだんふたりの距離が縮まり、紆余曲折を経て結ばれたりするものだ。

そんな出会いを想像してエレベーターを使っているが、残念ながらきれいな女性と鉢合わせしたことは一度もなかった。

（そんな都合のいい話があるはずないよな……）

思わず苦笑を漏らして、エレベーターに乗りこんだ。

マンションから徒歩五分ほどで地下鉄の駅に到着する。勤め先のオフィスは、そこから二駅乗ったところだ。二十分もあれば出勤できるので、社宅のマンションだけは本当に最高だった。

大通公園の近くに職場がある。

直樹が午前九時前に到着すると、すでに後輩の社員が出勤しており、掃除をはじめていた。

「おはようございます」

岡島美緒《おかじまみお》が元気な声で挨拶をする。

この支店でいちばん若い社員で二十四歳だという。愛らしい顔立ちで、いつも明るい笑顔を振りまいている。仕事もがんばっているので、先輩たちからかわいがられていた。

「おはよう」

直樹も挨拶をして、自分のデスクに向かう。

歩きながら美緒をチラリと見やる。濃紺のスーツの胸もとが、相変わらず大きくふくらんでいた。かわいい顔をしているだけに、なおさら乳房が大きく感じる。童顔で巨乳なのだからたまらない。ついつい見てしまうが、美緒はまったく気にする様子もなく箒《ほうき》で床を掃いていた。

「岡島さんはいつも早いね」

通勤バッグを置くと、直樹もロッカーからモップを取り出して掃除をはじめる。これが毎朝のルーティーンになっていた。

「吉沢さんも早いです」

「そうかな？」

東京本社で働いていたときから出勤時間は変わっていない。

店のオープンは午前十時だが、東京本社では九時前には出社して仕事の準備をはじめていた。ところが、札幌支店では九時をすぎてから、みんながバラバラと出勤してくる感じだ。

「これまで、お掃除を手伝ってくれる人なんて、いませんでしたから」

美緒はそう言って、セミロングの黒髪を揺らしながら微笑んだ。

笑うとなおさら愛らしい顔になる。人懐っこくてまじめで性格もいい。若い男性社員たちは、みんな美緒を狙っているようだ。だが、こんなかわいい子に彼氏がいないとは思えなかった。

（俺も、転勤にさえならなければ……）

直樹は心のなかでつぶやき、小さなため息を漏らした。

今も恋人とつき合っていたはずだ。考えても仕方のないことだが、東京の楽しかった日々を思い出してしまう。

「朝からため息なんてついて、どうしたの？」

ふいに背後から声をかけられてドキリとする。

慌てて振り返ると、そこには課長の尾形奈保子《おがたなおこ》が立っていた。グレーのスーツに身を包み、柔らかい笑みを浮かべている。

「か、課長っ、おはようございますっ」

思わず背すじがピンッと伸びた。

奈保子は三十三歳の人妻だ。黒髪のロングヘアがジャケットの肩に柔らかく垂れかかっている。背が高くてスラリとした体型だ。それでいながら乳房は大きくてブラウスが張りつめており、ジャケットの襟《えり》もとを左右に押し開いていた。

（いつ見ても、きれいだよな……）

直樹は緊張しながらも見惚《みと》れてしまう。

整った顔立ちで、しかもモデルのような見事なプロポーションをしている。これで仕事もバリバリこなすのだから、まさに完璧な女性だ。いったい、どんな男が奈保子と結婚できるのだろうか。一度でいいから旦那の顔を見てみたかった。

「おはよう。なにか悩みがあるなら相談に乗るわよ」

奈保子はそう言って、直樹の目をのぞきこんだ。

なおさら緊張が高まり、顔が熱くなっていくのを自覚した。札幌に転勤になったことや、出会いがないことなど、小さな悩みはいくつもある。しかし、こうして奈保子と見つめ合っていると、すべてがどうでもよくなった。

「だ、大丈夫です……」

やっとのことで言葉を絞り出す。すると、奈保子は再び、ふっとやさしげな笑みを浮かべた。

「それじゃあ、今日もお仕事、がんばってね」

「は、はい……」

自分が浮かれていることに気づいて、顔がますます熱くなった。

憧れの気持ちはあるが、恋愛感情はない。奈保子は人妻だ。上司と部下の関係が変わることなどあり得なかった。

「岡島さん、おはよう」

「おはようございます……」

奈保子は美緒にも声をかけると、自分のデスクに向かう。そして、さっそくパソコンを立ちあげて、仕事に取りかかった。

「吉沢さん、なに赤くなってるんですか」

美緒の声が聞こえてはっとする。

振り返ると、なぜか美緒は頬をふくらませていた。まるで駄々をこねた子供のようだが、その表情がまた愛らしい。

「もしかして、吉沢さん……」

「な、なにか勘違いしてるんじゃないかな。駅から走ってきたから暑いんだよ。それで顔が赤いんじゃないかな」

自分でも下手な言いわけだと思うが、勘ぐられるよりはマシだ。ヘンな噂を立てられたりしたら面倒なことになる。明らかに嘘だとばれているが、ここは押し通すしかなかった。

「わたしのときは普通だったのに……」

美緒はまだ不満げにブツブツつぶやいているが、それ以上、突っこんでくることはなかった。

2

（なんにもやってないな……）

直樹はテレビのリモコンを手にして、心のなかでつぶやいた。

会社から帰ってきて、晩ご飯を食べ終えたところだ。今はふたりがけのソファに横たわり、なんとなくテレビを眺めていた。

今夜はきちんと自炊をした。

とはいっても、ご飯を炊いて、おかずは納豆と鯖の水煮の缶詰だけだ。コンビニ弁当は飽きたし、毎日だとお金もかかる。時間があるときは、できるだけ自炊するようにしていた。

食事のときは、恋人と別れたことを思い出す。ひとり暮らしが長くても、どうしても淋しさがこみあげる。仕方のないこととはいえ、異動にさえならなければと考えてしまう。

（シャワーでも浴びるか……）

立ちあがろうとしたそのとき、インターホンのチャイムが鳴り響いた。

思わず時刻を確認すると、午後八時をまわったところだ。こんな時間に人が訪ねてくるのはめずらしい。

（誰だ？）

不思議に思いながら、キッチンの近くの壁に設置されたインターホンのパネルに歩み寄る。

訪問者は一階エントランスの集合玄関で部屋番号を入力して、液晶画面ごしに会話ができるシステムだ。なにかの勧誘だと思ったら無視をすればいい。直樹は押しに弱い性格なのでありがたかった。

（どうせ、新聞かなんかの……）

勧誘だろうと思いながら液晶画面をのぞきこむ。すると、そこには意外な人物が映っていた。

「か、課長っ」

思わず声に出すほど驚いた。

これまで奈保子が訪ねてきたことなど一度もない。奈保子だけではなく、会社の人が部屋に来たことはなかった。社員名簿を見れば、住所はすぐにわかる。しかし、突然の訪問はまったくの想定外だ。

困惑している間に、再びチャイムの音が鳴り響く。奈保子がボタンを押しているのは間違いない。突然のことにとまどってしまうが、このまま無視をするわけにもいかない。とにかく通話ボタンを押してみた。

「は、はい……」

恐るおそるマイクに向かって声をかける。

「あっ、吉沢くん？」

「そうですけど……」

「ちょっと入れてくれないかしら」

なにやら切羽つまった表情だ。

（会社でなにかあったのかな……）

そう思ったとき、奈保子の服装がいつもと違うことに気がついた。

スーツ姿しか見たことがなかったが、今、画面に映っている奈保子はグレーのワンピースの上にコートを羽織っていた。

「遅くに悪いんだけど、困ってるのよ」

「どうしたんですか？」

「とにかく入れてよ。ここ寒いわ」

画面の向こうで、奈保子が肩をすくめる。

確かに札幌の十月はかなり寒い。日が落ちると、あっという間に気温がさがる。そんななか、上司に立ち話をさせるわけにはいかなかった。

「す、すぐに開けます。エレベーターで二階にあがってください」

直樹は慌てて解錠ボタンを押した。

これでエントランスの自動ドアが開いて、訪問者がマンション内に入ることができる。画面のなかの奈保子が、開いた自動ドアを通過するのが見えた。

(どうなってるんだ?)

わけがわからないまま、自分の服装を確認する。

グレーのスウェットの上下を着ていた。多少ヨレヨレだが、失礼にあたるほどではないだろう。部屋のなかは散らかっているが、今さらどうすることもできない。とにかく、見られてヤバいものだけ出ていなければ大丈夫だ。

サンダルをつっかけて玄関のドアを開ける。

急いで廊下に出ると、ちょうどエレベーターが到着したところで、チンッという音が響きわたった。

「吉沢くん……」

エレベーターの扉が開くと、奈保子が直樹の姿を見つけて駆け寄ってくる。

その瞬間、直樹は胸の昂《たかぶ》りを覚えていた。もし奈保子が自分の恋人だったら、このまま抱きとめる場面だ。熱い抱擁を想像するが、もちろんそんなことはなく、奈保子は目の前でピタリと立ちどまった。

「急にごめんなさいね。行く場所がなかったのよ。それで、吉沢くんが社宅に住んでいることを思い出したの」

いったい、どういう意味だろうか。

奈保子は既婚者で、夫とふたり暮らしのはずだ。子供はいないため、きっとラブラブなのだろうと社内で噂されていた。

「詳しいことはなかで話すわ。ここが吉沢くんの部屋ね？」

直樹が不思議そうな顔をしていると、奈保子はそう言ってドアを指さした。

「は、はい、どうぞ」

慌ててドアを開け放ち、奈保子を迎え入れる。

考えてみれば、引っ越してきてはじめての客だ。友達でも家族でもなく、まさか直属の上司がはじめての客になるとは思いもしなかった。

「あら、いい部屋じゃない」

リビングに足を踏み入れると、奈保子は室内を見まわして満足げにうなずいた。

「ほかにも部屋はあるの？」

「六畳の部屋がふたつあります」

「ふうん、ずいぶん広いのね」

奈保子はコートを脱ぐと、勧めてもいないのにソファに腰かける。そして、脚を組んで、再びうんうんとうなずいた。

「ひとりだと、持てあますんじゃない？」

「ええ、まあ……ひとつは寝室にして、もうひとつは使ってないんです」

いきなり部屋のことばかり質問されて、困惑しながら答える。

直樹としては、部屋のことなどどうでもいい。それより、奈保子になにがあったのか知りたかった。

「と、とにかく、お茶でも入れます」

いったんキッチンに向かって気持ちを落ち着かせる。

やかんを火にかけながら、さりげなく奈保子の様子をうかがう。持参したバッグからスマホを取り出していた。誰かから連絡が来るのを待っているのだろうか。しかし、求めていたものがなかったのか、残念そうに息を吐き出した。

（やっぱり、なにかあったんだ……）

元気がないように見える。

そういえば、奈保子のバッグはやけに大きい。二、三泊の旅行に使えるようなサイズだ。当然ながら会社で見かけたことがない。どこかに出かける途中でトラブルに遭ったのだろうか。

（それにしても……）

ふだん見ることがない奈保子の私服姿に視線が吸い寄せられる。

グレーのワンピースはゆったりしたデザインだ。シンプルで飾り気がないが、品のよさが感じられる。奈保子が着ていると、それだけで高価なものに感じられるから不思議だ。

しかも、胸もとがふっくら盛りあがっている。いつものスーツ姿も素敵だが、ワンピースだと女体の曲線がはっきりわかってドキドキした。

「これ部屋着なのよ」

ふいに奈保子がこちらを振り返る。

もしかしたら、直樹の視線に気づいたのかもしれない。直樹は焦って声が出ず、頬の筋肉をひきつらせた。

「こんな格好で来て、ごめんなさいね」

別に謝られるようなことではない。直樹はどう答えればいいのかわからず、首を左右に振りたくった。

「いろいろあったのよ」

そう語る奈保子の表情が翳《かげ》って見えたのは気のせいだろうか。

なにかがおかしい。部下の部屋を訪ねるのに、部屋着で来るはずがない。そのとき、ふと今朝の奈保子の言葉を思い出した。

——なにか悩みがあるなら相談に乗るわよ。

確かそんなことを言っていた。

だが、じつは自分自身が悩みを抱えているのではないか。奈保子を見ていると、そんな気がしてならない。とにかく、マグカップにコーヒーを入れて、ローテーブルへと運んでいく。

そのとき、晩ご飯のかたづけをしていなかったことに気がついた。

お茶碗と納豆の容器、それに空になった鯖の缶詰が置きっぱなしだ。慌ててキッチンにさげると、あらためてマグカップをローテーブルに置いた。

「コーヒーです。これしかなくて……」

置いてあるのはインスタントコーヒーだけだ。緑茶や紅茶はふだん飲まないし、来客もないので買い置きしていなかった。

「大丈夫よ。ありがとう」

奈保子がそう言ってくれたのでほっとする。

だが、どこに座るべきか迷ってしまう。ソファはふたりがけだが、奈保子の隣に座るのは距離が近すぎる。結局、ローテーブルを挟んだ向かいに腰をおろした。フローリングで尻が痛いが、そんなことは口に出せない。それより、なにがあったのか知りたかった。

「じつはね――」

奈保子があらたまった様子で語りはじめる。

いよいよ本題に入るらしい。なにやら深刻な雰囲気になり、直樹は思わず正座をして背すじを伸ばした。

「そんな重い話じゃないのよ。ほら、楽にして」

奈保子にそう言われて膝を崩す。すると、奈保子が再び話しはじめた。

「夫と喧嘩をして家出をしたの」

さらりと言うが、軽い話ではない。大人が家出をするのだから、やむにやまれぬ事情があったのではないか。なにやら、こみ入った話になりそうだ。直樹は返事もできず、奈保子の顔をじっと見つめた。

「あの人、わたしに相談もせずに会社を辞めちゃったのよ。今の仕事は自分に合ってないから転職する、とか言って」

二週間ほど前、奈保子の旦那は急に仕事を辞めてしまったという。事前にいっさい相談がなかったため、奈保子は呆気に取られてしまったらしい。

「次の仕事が決まらないまま、辞めてしまったんですか？」

直樹は思わず口を挟んだ。

会社を辞めるのは簡単なことではない。直樹も入社一年目は、何度か転職を考えたことがある。しかし、辞表を提出する勇気がなかった。ためらっているうちに、いつしか仕事に慣れて現在に至っていた。

「そうなのよ。せめて、次の仕事を見つけていればよかったんだけど、なんにも決まってないのに辞めちゃったのよ。そんなのおかしいでしょ？」

話をしているうちに、怒りがこみあげてきたらしい。奈保子の口調が苛立《いらだ》っているのがわかった。

「え、ええ、まあ……」

こういうときは同意するべきだろうか。しかし、それはそれで彼女の旦那を貶《おとし》めていることになりそうで、ためらいが生じた。

「おかしいに決まってるわ。だって、すぐに仕事を見つけないで、家でゴロゴロしてるのよ。わたしが働いているから甘えているの。確かにふたりが食べていくには困らないけど、妻に頼りきってしまうのはどうなの？」

「ど、どうなのと言われましても……」

曖昧な返答になってしまう。その言葉がなおさら火に油を注いだのか、奈保子の声が大きくなった。

「男として情けないじゃない。ねえ、吉沢くんもそう思うでしょ？」

「そ、そうですね」

気圧《けお》されるまま返事をする。うんうんと何度もうなずいて、共感していることを懸命に伝えた。

「いい仕事はありそうか聞いたら、なんにもしてないクセに、今、探してるところだろって言い返してくるの」

奈保子もむっとして口論になり、家を飛び出したという。だから、部屋着の上にコートを羽織っていたのだ。

「夫が謝るまで帰らないつもりよ」

「それって、本当の家出じゃないですか」

「だから、最初からそう言ってるじゃない」

奈保子が怒る気持ちもわかるが、このままでは埒《らち》が明かない気がする。

話し合いの場を持ったほうがいいと思うが、今はそんな提案をしたところで受け入れられないだろう。とりあえず、互いの怒りが鎮まるまで、時間を置いたほうがいいのかもしれない。

「でも、これからどうするんですか？」

「とにかく家には帰らないわ」

奈保子はきっぱり言いきった。

旦那の謝罪があれば帰るということは、今のところ別れるつもりはないらしい。しかし、このまま旦那が謝らなかったら、どうなってしまうのだろうか。いや、それより今夜はどこに泊まるつもりなのかが気になった。

「そういうことだから、二、三日、泊まらせてもらうわね」

「は、はい？」

一瞬、意味がわからず首をかしげる。言葉は聞こえているのだが、あまりにも予想外で聞き間違いかと思った。

「部屋、あまってるんでしょ。そこを使わせてもらうことにするわ」

まるで決まったことのような言いかただ。

直樹はまだなにも言っていないが、許可がおりることを前提に話している。というより、自分に決定権があると思っているのかもしれない。

「ちょ、ちょっと待ってください。ここに泊まるんですか？」

「ええ、そうよ。ここが広いのを知っていたから来たのよ」

奈保子は真顔になっている。

冗談を言っている顔ではない。本気で直樹の部屋に泊まろうとしている。とはいっても、直樹を頼っているわけではない。社宅が広いのを知っていたから、泊まれると踏んで来たのだ。

「そ、それは、まずくないですか……」

直樹は動揺を隠せなくなっている。

奈保子は上司だが、ひとりの美しい女性だ。しかし、決して手を出すことは許されない人妻でもある。もちろん、手を出すつもりなどないが、ひとつ屋根の下で寝泊まりするとなると、意識せずにはいられない。

「なにがまずいの？」

奈保子はそう言いながら、脚を組み直した。

そのとき、ワンピースの裾《すそ》がわずかにずりあがり、細く締まった足首とスラリとしたふくらはぎが露《あらわ》になった。

部屋着で飛び出してきたせいか、ストッキングは穿いていない。白くてなめらかな肌が、妙に生々しく感じる。いきなりナマ脚が目に入ったことで、直樹はますます動揺した。

「だ、だって……か、課長といっしょなんて……」

「プライベートでは、わたしの顔なんて見たくないってこと？」

奈保子が顎をツンとあげる。そして、直樹の顔をじっと見つめた。

「ち、違います。決してそういう意味では……」

「じゃあ、なんなの？」

「い、いいえ……も、問題ございません」

つめ寄られると、受け入れるしかなくなってしまう。

突然の転勤で見知らぬ土地に来たときは、右も左もわからずにとまどった。そんな直樹に手を差しのべたのは、奈保子にほかならない。ほかの社員たちとコミュニケーションが取れるように飲み会を開いたり、いっしょに札幌の街をまわって案内してくれたりした。

奈保子に面倒を見てもらった恩は忘れていない。直属の上司だから当然かもしれないが、人としてのやさしさを感じた。

無理やり泊まろうとしているが、ただ強がっているだけにも見える。本当は旦那と喧嘩をして、傷ついているのではないか。先ほどスマホをチェックしていたのは、旦那から連絡があるか期待していたのではないか。

そんなことを考えると、断ることなどできるはずがなかった。

「泊まってもいいのね？」

「は、はい、もちろんです」

念を押すように言われて、直樹は即座にうなずいた。

その直後、奈保子がほっとするのがわかった。泊まる場所を確保できて、安堵したのかもしれない。

「助かるわ。じつはスーツとか着がえを持ってきたの」

奈保子はそう言って、バッグに視線を向けた。

どうやら、最初から泊まるつもりだったらしい。直樹なら押しきれると思ったのではないか。実際、そのとおりだが、なんとなく利用されている気分になった。

「シャワーも浴びてきたし、今日はもう疲れたから寝るわ。それで、わたしの部屋はどこ？」

「こ、こちらです……」

慌てて立ちあがると、使っていない六畳の洋室に案内する。

ベッドもなにもないガランとした部屋だ。しかし、クローゼットには布団が入っていた。ここが空室のときは、研修のときの宿泊施設として使うらしい。そのときのために布団が何組か用意されているのだ。

「布団は研修用のを使ってください。あとは、なにもないですけど……」

「大丈夫よ。ありがとう」

奈保子に礼を言われて、思わず笑みが漏れる。

仕事には厳しいため、褒められたことは一度もない。だから、こうして礼を言われただけで、心がフワフワと浮き立った。

「では、おやすみなさい」

「おやすみ。絶対にのぞかないでよ。もし、のぞいたら、ただじゃおかないわよ」

最後のひと言で、一気に現実に引き戻される。奈保子の眼光が鋭くなっており、のぞいたらひっぱたかれそうな気がした。

奈保子が部屋に入ってドアを閉じる。静寂が戻り、直樹は思わず大きく息を吐き出した。

(大変なことになったぞ……)

心のなかでつぶやき、ドアに背中を向ける。

受け入れてしまったが、冷静になって考えるとまずい気がしてきた。上司とはいえ既婚者の女性だ。事情があるとはいえ、いっしょに住んでいるのが会社にバレたら問題になるのではないか。それに万が一、旦那の耳に入ったら、怒鳴りこんでくるかもしれない。

(まずい……やっぱりまずいよ)

今さらながら後悔の念が湧きあがる。

しかし、奈保子にはお世話になっている。困っているのだから手を貸したい気持ちもある。二、三日の辛抱だ。なんとか乗りきるしかなかった。

そのとき、背後でドアがガチャッと開いた。

「わかってると思うけど、わたしがここに泊まってること、会社では内緒よ。勘違いされたら困るから」

奈保子はそれだけ言うと、確認するように直樹の目をじっと見つめる。

「りょ、了解です」

再び緊張しながら慌てて答えた。

奈保子は小さくうなずいて、すぐにドアを閉める。どうやら、納得してくれたらしい。彼女も会社にばれたらまずいと思っているのだろう。

（内緒か……）

たった今かけられた言葉を心のなかでくり返す。

美しい上司と秘密を共有していると思うと、少し楽しくなってくる。二、三日だけなら、それほど大変ではないだろう。むしろ奈保子のそばにいられると思うと、浮かれた気持ちになってきた。

3

翌朝、寝室から出ると、すでに奈保子はスーツに着替えていた。

髪もきれいにセットされており、どこからどう見てもバリバリの女上司といった感じだ。

「お、おはようございます」

直樹はまだスウェットの上下のままで、髪には思いきり寝癖がついている。だらしない姿を見られて、思わず顔が熱くなった。

だが、奈保子は気にする様子もなく、柔らかい笑みを浮かべている。

「おはよう。朝はギリギリまで寝るタイプなのね」

「す、すみません……」

「気にしなくていいのよ。わたしは泊まらせてもらってるんだから。でも、体のことを考えたら、朝食は摂ったほうがいいわよ。じゃあ、先に行くわね」

「早すぎませんか。俺よりあとでもいいと思いますよ」

東京本社にいたころの習慣で、直樹はいつも早めに出社している。ふだん奈保子が出社するのは、直樹の少しあとだった。

「吉沢くんは鍵をかけなければならないでしょう。だから、わたしが先に出ないとね。いってきます」

奈保子はそう言うと、さっさと出かけてしまった。

(ああっ、焦った……)

玄関ドアが閉まり、直樹はひとりになる。

そのとき、額に汗が滲《にじ》んでいることに気がついた。なにも考えずに寝室から出たのが間違いだった。朝から自宅で上司の顔を見ると緊張する。おかげで一気に目が覚めたが、腋《わき》の下も汗びっしょりになっていた。

（これじゃあ、会社にいるのと変わらないな……）

思わず心のなかで愚痴を漏らす。

昨夜は楽しくなりそうな気がしたが、やはり緊張のほうがうわまわっている。上司と四六時中、顔を合わせなければならない生活がつづくのだ。二日目にして、早くもストレスを感じていた。

リビングに戻ると、なにかいい匂いが漂っている。あたりを見まわして、ローテーブルにスクランブルエッグとトーストが載った皿が置いてあるのを発見した。

（これって、もしかして……）

直樹のために、奈保子が用意してくれたに違いない。それに気づいたとたん、先ほどまで感じていたストレスが吹き飛んだ。

奈保子は仕事のできる女上司だが、家庭的なイメージはない。掃除や洗濯、料理などの家事を行っている姿が想像できなかった。しかし、目の前には奈保子の作ったスクランブルエッグがある。それを見たことで、急に家庭的な女性に思えてくるから不思議だった。

コーヒーを入れると、さっそくスクランブルエッグをいただいた。塩加減が絶妙でじつにうまい。火を通しすぎると硬くなるが、ちょうどいい感じになっている。フワフワと柔らかくて、トーストにぴったり合った。

(うまいなぁ……あれ?)

そのとき、ふと気がついた。

卵の買い置きはなかったはずだ。朝、奈保子が買い物に出かけたとは思えない。昨夜のうちに買って、バッグのなかに忍ばせていたのだろうか。

(朝食を作ってくれるつもりだったんだ……)

そのことに気づいて、うれしさがこみあげる。それと同時に、一瞬でもストレスを感じてしまって申しわけない気持ちになった。

直樹が出勤すると、当然ながらすでに奈保子は出社していた。

「吉沢さん、吉沢さん」

すぐに美緒が小走りに駆け寄ってくる。

「おはよう。どうしたの?」

「なんかおかしいんです」

美緒は挨拶もせず、いきなり小声で話しはじめた。

課長席をチラチラ確認している。奈保子がいつもより早く出社したことで、なにかに気づいたのかもしれない。

「おかしいって、なにが?」

直樹は努めて冷静なふりをする。なにを言われても顔に出さないように心を落ち着かせた。

「課長ですよ。わたしより早く出社してたんですよ」

「へえ、めずらしいね」

「めずらしいどころじゃないです。こんなこと、はじめてですよ」

「急ぎの案件でもあるんじゃないかな」

思いつきでそれっぽいことを言うが、美緒は納得していない様子だ。

「でも、仕事を翌日に持ち越すような人ではないですよね」

確かにそのとおりかもしれない。

奈保子の仕事は完璧で、慌てている姿を部下に見せることはなかった。それなのに突然、朝早く出社したので、美緒はなにかを勘ぐっているのだ。

今、奈保子は自分のデスクでパソコンに向かっている。こちらの視線に気づいているかもしれない。しかし、なにごともなかったように、キーボードとマウスを操作していた。

「掃除、終わらせちゃおうか」

直樹が声をかけると、美緒は首をかしげながら掃除を再開する。

とりあえず、ごまかすことができたが、女の勘は馬鹿にできない。とぼけてやり過ごすしかなかった。

仕事を終えて帰宅すると、直樹はいつものようにご飯だけ炊いて、簡単に晩飯を済ました。今夜のおかずは、近所のスーパーで買ったキムチとなめ茸だ。適度に野菜も摂れるので、キムチは重宝していた。

奈保子が帰宅したのは、午後七時すぎだった。

帰りが遅いなと思っていたので、インターホンが鳴ったときはほっとした。液晶画面を確認すると、奈保子は微笑を浮かべて手を振った。

「ただいま」

まるで自宅に帰ってきたようなセリフだ。

「おかえりなさい」

直樹は少し照れながらも、そう返した。

エントランスの自動ドアを解錠してしばらくすると、奈保子が帰宅した。リビングに足を踏み入れるなり、大きく伸びをする。

「ああっ、疲れた」

会社では決して聞かないセリフだ。

ソファに腰かけると、凝りをほぐすように肩と首をまわす。いつも冷静に振る舞っているが、本当はプレッシャーを感じながら仕事をしているのだろう。プライベートを垣間見て、課長の苦労がほんの少しわかった気がした。

「課長、お食事は？」

「ファミレスに寄ってきたから大丈夫よ」

奈保子は右の拳で自分に左肩をトントンたたきながらつぶやいた。

（もしかして、俺に気を使ってるのかな……）

今朝、ほんの一瞬、ストレスを感じたのは事実だ。

そのことに奈保子が気づいたのなら、わざと遅く帰ってくるのではないか。旦那と喧嘩をして大変なときに気を使わせているのだとしたら、申しわけない気持ちになってきた。

「朝ご飯、ありがとうございました」

「ああっ……あんなの、たいしたことじゃないわよ」

奈保子はすっかり忘れていたらしく、返事があるまで一瞬の間があった。

「とってもおいしかったです」

「お粗末さまでした」

「俺に気を使う必要はないですよ。夜も普通に帰ってきて、大丈夫ですから」

なにしろ、お世話になった恩がある。

どうせ、二、三日だけの話だ。せめて、その間だけでもリラックスして過ごしてもらいたかった。

「ありがとう。吉沢くんって、やさしいのね」

奈保子は目を細めて、うれしそうに微笑んだ。

よけいなお世話かと思ったが、提案してよかったと思う。やさしいと言われて、くすぐったい気持ちになった。

「それじゃあ、シャワーを借りようかしら」

なにげないひと言で、一気に緊張感が高まる。

昨夜は家で済ましてきたので、ここではシャワーを使っていない。今夜がはじめてのことだった。

「ご、ご案内します」

直樹は懸命に平静を装って、バスルームに案内する。そして、バスタオルなどを用意すると手渡した。

「使わせてもらうわね。ありがとう」

「俺は寝室にこもってますので、ご安心ください。課長があがるまで、絶対に寝室から出ません」

きっぱり宣言すると背中を向ける。そして、足早にその場から立ち去った。

寝室にこもるが、どうしてもバスルームの様子が気になってしまう。耳を凝らすと微かにシャワーの音が聞こえる。奈保子が裸になってシャワーを浴びている姿を想像して、ペニスがズクリッと疼《うず》いた。

(見たい……課長の裸……)

考えれば考えるほど欲望がふくらんでいく。

だが、約束したので、寝室から出るわけにはいかない。欲望に負けてのぞきでもすれば、大問題に発展する。直樹は会社にいられなくなるばかりか、社会的な制裁を受けることになるかもしれない。

絶対、欲望に負けるわけにはいかなかった。

妄想だけで我慢する。猛《たけ》るペニスをスウェットパンツの上からつかみ、思わずグイグイと擦り立てた。

4

奈保子が転がりこんでから、三日目の夜を迎えていた。

この日も直樹が先に帰宅した。

会社を出るとき、奈保子はまだ残業していたので遅くなるのかもしれない。先にシャワーをさっと浴びてリビングに戻ったとき、ちょうどインターホンのチャイムが鳴り響いた。

「ただいま」

「お帰りなさい。今日は早かったんですね」

玄関で迎えると、奈保子は手にしていたレジ袋を軽く持ちあげた。

「晩ご飯、買ってきたの。いっしょに食べましょう」

レジ袋には有名な中華料理店のロゴが入っている。どうやら、テイクアウトで買ってきてくれたらしい。

「いいんですか」

「ビールも買ってきたの。すぐに準備するわね」

「俺も手伝います」

直樹は浮かれた気持ちで皿とグラスを用意する。

奈保子は手を洗うと、ジャケットを脱いでブラウスを腕まくりする。そして、料理を次々と皿に盛りつけていく。

麻婆豆腐《マーボードウフ》にエビチリ、青椒肉絲《チンジャオロース》に小籠包《ショーロンポー》など、瞬く間にローテーブルが埋めつくされた。

「こんなにたくさん、すごいですね」

直樹は感動するとともに、三日目の夜だということを思い出す。そのとたん、しんみりした気分になった。

(そうか、今夜で最後だから……)

きっとお礼のつもりなのではないか。

言葉にこそ出さないが、奈保子は泊めてもらったことを感謝しているのだろう。だから、豪華な料理を買ってきてくれたに違いない。

気を使うことも多かったが、奈保子がいなくなってしまうと思うと淋しくなる。でも、せっかくの料理なので楽しく食べたかった。

「課長、ありがとうございます」

「あらたまって、どうしたの？」

奈保子はソファに座ると、グラスにビールを注《つ》いでくれる。直樹はローテーブルを挟んだ向かいに腰をおろした。

「テイクアウトなんだから、たまには買ってくればいいじゃない」

「ひとりじゃ食べる気がしませんよ。それに値段も高いし……でも、今日は課長のおかげで食べられます」

「なんだかおおげさね。とにかく、乾杯しましょう」

奈保子にうながされて直樹もグラスをかかげる。

「では……」

「カンパーイッ」

グラスを軽くぶつけると、奈保子はビールを半分ほど一気に飲んだ。

それにならって直樹もビールをグビグビ飲んでいく。奈保子とふたりきりのせいか、よく冷えたビールが最高にうまかった。

中華料理も美味で箸《はし》が進む。麻婆豆腐は山椒《さんしょう》が利いており、エビチリもほどよく辛い。なにを食べてもおいしくて、あっという間に平らげた。

「ふぅっ、うまかったです。ごちそうさまでした」

「お口に合ったようで、よかったわ」

奈保子は立ちあがると、食器をさげはじめる。

「洗いものは俺がやります」

「いいのよ。わたしが勝手に買ってきたんだもの。吉沢くんは休んでいて」

今夜の奈保子はやけにやさしい。

やはり、明日には出ていくつもりなのだろう。そう思うと、ここは奈保子の言葉に従うべきだと思った。

「それでは、お言葉に甘えて、お願いします」

「洗いものが終わったら、シャワーを浴びていいかしら」

「もちろんです。じゃあ、俺は寝室にいます」

直樹は早々に寝室へと移動する。

彼女がシャワーを浴びている間は、絶対に寝室から出ないというルールだ。見たい気持ちはあるが、もちろん、のぞきをするつもりはない。昨夜は寝室で悶々としながら、シャワーの音だけを聞いていた。だが、欲望がふくらむだけで虚《むな》しいので、今夜は聞かないつもりだ。

直樹はスマホを手にしてベッドに横たわった。

ネットの記事を閲覧したり、動画を見たりしていれば、いくらでも時間をつぶすことができる。昨夜の奈保子のシャワーは小一時間ほどだった。スマホに集中していれば、それくらいの時間はすぐに経つだろう。

5

（参ったな……）

直樹は先ほどから寝室のなかをウロウロしていた。

シャワーの音が聞こえはじめて、しばらくしてから尿意が湧きあがったのだ。ビールを飲んだのがいけなかったのかもしれない。尿意はどんどん大きくなり、じっとしていられなくなっていた。

（ううっ、まだかな……）

奈保子が早くシャワーからあがってくれることを祈りつづける。

だが、洗いものを終えてからシャワーを浴びはじめたので、まだしばらくかかりそうだ。こうしている間も尿意はふくらみつづけて、いよいよ限界が近づいている。こうなったら急いでトイレで用を足して、すぐに戻るしかない。鉢合わせする危険はあるが、このままでは漏れてしまう。

（よし、行くぞ）

まだシャワーの音が響いている。行くなら今しかなかった。

直樹は寝室から出ると、足音を立てないように気をつけながら廊下を走る。脱衣所の隣がトイレだ。急いで駆けこみ、小便をする。我慢していたため、すごい勢いで尿が出た。

「ふぅっ……」

思わず声が漏れるほどすっきりした。

排尿の快感に酔いしれながら、手を洗って廊下に出る。それとほぼ同時に、脱衣所のドアが開いた。

「あっ……」

声をあげたのは奈保子だ。

裸体にバスタオルを巻いただけの姿で、濡れた黒髪が肩に垂れかかっている。バスタオルの縁が乳房にめりこんでおり、柔肉がプニュッとひしゃげていた。白い谷間もまる見えで、思わず視線が吸い寄せられる。

それだけではない。バスタオルの下の部分がミニスカートのようになって、むっちりした太腿《ふともも》が半分ほど露出しているのだ。かろうじて股間は隠れているが、色っぽい姿を目の当たりにして、直樹は思わず生唾《なまつば》を飲みこんだ。

（す、すごい……）

自分の置かれている状況も忘れて、奈保子の身体を舐《な》めるように見まわした。

会社ではスーツに包まれている身体の大部分が露出している。あの美しくて仕事のできる課長が、バスタオル一枚を裸体に巻いただけの姿で立っているのだ。乳房の谷間や肉づきのいい太腿を凝視していた。

「こんなところで、なにをしていたの？」

奈保子の声ではっと我に返る。

意外なほど穏やかな声だ。口もとには微笑を浮かべているが、瞳はまったく笑っていなかった。

シャワーを浴びたことで、奈保子の顔は少し火照《ほて》っている。その顔が色っぽく感じて、どこを見ればいいのかわからなくなった。

「寝室から出ないという約束だったわよね」

奈保子の声は淡々としている。冷静なところが、逆に怒りの大きさを示しているようで恐ろしい。逃げ出したくなるが、ここは自分が借りている部屋だ。逃げる場所はどこにもなかった。

「まさか、のぞいていたわけではないわよね」

「ち、違います……」

なんとか声を絞り出す。

このままだと、のぞきをしていたことにされてしまう。やっていないのに、変態の烙印を押されるのだけは避けたかった。

「ご、誤解です。どうしてもトイレに行きたくなって……ビールをたくさん飲んだから……」

必死に弁明するが、自分でも下手な言いわけをしている気がしてしまう。

この状況でトイレに行っていただけだと言い張っても、信じてもらえるとは思えない。実際、奈保子は疑いの眼差《まなざ》しを向けていた。

「ほ、本当なんです……」

直樹の声はどんどん小さくなっていく。なにを言っても無駄な気がして、虚しくなってきた。

「じゃあ、どうして大きくなってるの？」

奈保子がぽつりとつぶやいた。

いったい、なにを言っているのだろうか。奈保子の視線は、なぜか下のほうに向いている。不思議に思いながら視線をたどっていくと、奈保子が自分の股間を見つめていることに気がついた。

「こ、これは……」

慌てて両手で股間を覆い隠す。だが、そんなことをしても意味はない。スウェットパンツの前が大きなテントを張っていたのだ。ペニスが大きくなっているのは間違いなかった。

「す、すみません……」

震える声で謝罪する。奈保子の色っぽい姿を目にしたことで、自覚がないまま勃起してしまったのだ。

「のぞいていたことを認めるのね」

奈保子がここぞとばかりにたたみかける。まるで決定的な証拠を見つけた刑事が、容疑者を追いつめているようだ。

「そ、それは誤解です。信じてください」

直樹は必死に訴える。

しかし、ペニスは硬く勃起したままだ。隠している手のひらにゴツゴツと当たっていた。

「わかったわ」

しばしの沈黙のあと、奈保子が静かに口を開く。

「そこまで言うなら信じてあげる。上司として、吉沢くんの人となりはわかっているつもりよ。あなたは嘘をつける人ではないわ」

その言葉が胸に染みわたる。直樹は思わず涙ぐみそうになり、奥歯をグッと嚙《か》みしめた。

「あ、ありがとうございます。もうダメかと思いました」

「おおげさね。どうしても見たいってお願いすれば、見せてあげたのに」

衝撃的な言葉だった。まさかと思って見つめると、奈保子はいたずらっぽい笑みを浮かべた。

「冗談よ。そんな簡単に見せるわけないでしょう」

「ですよね……は、ははは っ」

簡単にひっかかる自分が情けない。美しい上司の色っぽい姿を目にして、興奮状態から抜け出せなくなっていた。

「でも、今夜だけならいいわよ」

再び奈保子が驚きの発言をする。

だが、いくらなんでも、もう騙されない。直樹は心を落ち着かせると、首を小さく左右に振った。

「二度も同じ手にはひっかかりません」

「あら、わたしは本気よ」

奈保子はそう言って、直樹の手をそっと握る。

柔らかい手のひらの感触が伝わり、胸の鼓動が一気に速くなった。なにが起きているのか理解できないまま、手を引かれて廊下を歩き出す。

「あ、あの……」

「吉沢くんの寝室に行きましょうか」

奈保子に導かれて、自分の寝室に戻ってきた。

「ベッドに座って」

なぜか逆らうことができない。これからなにが起きるのか、期待と不安がふくれあがっていた。

ベッドに腰かけた直樹の前に、奈保子が立っている。

なにやら頬が赤く染まっているのは、シャワーを浴びたせいだろうか。なにをするのかと思えば、ほっそりした指をバスタオルにかけてスルリと取り去った。

直樹は困惑の声をあげるが、露になった裸体から視線をそらせない。瞬きするのも忘れて凝視していた。

奈保子のたっぷりした乳房は、魅惑的な曲線を描いている。双《ふた》つの丘陵の頂点には、鮮やかな桜色の乳首が揺れていた。腰は細く締まり、縦長の臍《へそ》まで色っぽい。日ごろから手入れをしているのか、陰毛はきれいな楕円形に整えられていた。

（す、すごい……これが課長の……）

思わず心のなかで唸った。

人妻の匂い立つような色気がむんむん漂っている。これまで交際した女性はふたりしかいないが、どちらともタイプが違う、とにかく、若い女性にはない大人の魅力が奈保子には備わっていた。

「恥ずかしいけど……」

頬を赤く染めながら、奈保子が小声でつぶやく。そして、指先で摘《つ》まんだバスタオルを床にはらりと落とした。

「ちょ、ちょっと……」

6

「どうかな……年上には興味ない？」

奈保子の声を聞いた瞬間、直樹は首を思いきり左右に振った。

「あ、あります、興味ありますっ」

つい言葉に力が入ってしまう。これほどの裸体を見せつけられて、興味が湧かないはずがない。いつしか呼吸が荒くなり、ボクサーブリーフのなかのペニスはいっそう硬くなっていた。

「それなら、泊めてくれたお礼をしてあげる」

奈保子がささやき、直樹の前にひざまずく。そして、両手をスウェットパンツのウエスト部分に伸ばした。

「お、お礼ならさっき……」

緊張のあまり、よけいなことを口走ってしまう。期待がふくらむほどに、落ち着きをなくしていた。

「なんのこと？」

「中華料理をたくさん……」

直樹が答えると、奈保子は口もとに微笑を浮かべた。

「あれは、ただの晩ご飯よ。お礼ではないわ」

そう言いながら、スウェットパンツとボクサーブリーフをまとめて引きおろす。勃起したペニスが抑えを失い、勢いよくビイインッと跳ねあがった。

「あンっ、元気なのね」

奈保子がうれしそうに目を細める。

スウェットパンツとボクサーブリーフが脚から抜き取られて、直樹は下半身裸の状態になった。

「な、なんか、恥ずかしいです」

ガチガチに勃起したペニスに、奈保子の視線が這いまわっている。しかも、彼女はひざまずいているため、息がかかるほど近くに顔があるのだ。

「でも、期待してるんでしょう?」

奈保子の白くて細い指が、張りつめた太幹に巻きつけられた。

「うっ……か、課長……」

軽く触れただけなのに、たまらず声が漏れてしまう。

なにしろ、会社の上司にペニスを握られているのだ。柔らかい指の感触が心地よくて、たまらない。やさしくキュウッと締めつけられた瞬間、尿道口から透明な汁が溢れ出した。

「すごく濡れてるわよ。気持ちいいのね」

奈保子がささやくたび、熱い息が亀頭を撫でる。

指の感触と吐息で刺激されて、またしても我慢汁が溢れてしまう。すでに亀頭はぐっしょり濡れており、竿《さお》を伝って我慢汁が垂れていく。太幹に巻きついた指まで濡らしてしまうが、奈保子が気にする様子はいっさいなかった。それどころか、嬉々とした表情を浮かべて指を動かしはじめる。

「こんなに硬くして、いやらしいことを考えてたんでしょう」

奈保子も興奮しているのかもしれない。微かに呼吸を乱しながら、ほっそりした指で竿をゆったりしごきあげる。

「うう……」

甘い刺激がひろがり、思わず声が漏れてしまう。

自分の股間を見おろせば、ふだんはスーツを着ている上司が裸でひざまずき、ペニスをしごいているのだ。しかも、まるで焦《じ》らすようなネチネチした動きだ。根もとからカリの下までをスローペースで擦りつづけていた。

「わたしの身体を見て、いやらしいことを想像したの？」

奈保子が執拗に尋ねる。

手の動きはあいかわらずゆったりで、イクにイケない快感が蓄積していく。我慢汁が大量に溢れて、焦燥感がふくれあがっていた。

「も、もっと……ううぅッ」

「もっとしてほしいの？」

直樹が思わずつぶやくと、奈保子は妖《あや》しい笑みを浮かべる。そして、手の動きを緩めてしまった。

「そ、そんな……」

「ちゃんと答えたら、もっと気持ちいいことしてあげる」

「ど、どうして、そんなことを聞くんですか」

裸にバスタオル一枚を巻いた姿を見て興奮したのは事実だ。だが、上司に本当のことを言っていいのか抵抗があった。

「ここのところ、夫とはごぶさただったの。会社を辞めるくらいだから、ストレスがあったのかもしれないわ。でも、わたしも女だもの……」

奈保子は淋しげに睫毛《まつげ》を伏せた。

夫に抱いてもらえず、欲求不満がたまっているのかもしれない。そればかりか、女としての自信をなくしかけているのではないか。だから、自分の身体を見たときの感想を、何度も尋ねてくるのだ。

「ねえ、わたしの身体を見て、どう思ったの？」

再び奈保子が質問する。

ペニスをスローペースで擦り、焦れったい快感だけを送りこんでいた。尿道口から我慢汁がじんわり溢れて、竿をトロトロと伝い落ちる。それが潤滑油となり、指で竿をしごかれる快感がアップした。

「くううッ」

「吉沢くん、ちゃんと答えなさい」

「こ、興奮しましたっ」

奈保子に迫られて、ついに白状する。このまま生殺しの状態がつづいたら、頭のなかが灼《や》けただれてしまいそうだ。早く射精したくてたまらなかった。

「課長の身体を見て、いやらしいことを想像してましたっ」

「やっぱりそうだったのね。上司の身体を見て興奮するなんて、いけないことだと思わない？」

穏やかな声でなじりながら、ペニスをゆったり擦りつづける。あくまでもスローペースで、射精欲がどんどんふくらんでいた。

「す、すみません、課長で興奮してすみません」

とにかく射精したくて謝罪する。無意識のうちに両足のつま先が内側に曲がり、フローリングの床を強くつかんでいた。

「謝らなくてもいいのよ。ちゃんと答えたんだもの、約束どおり気持ちよくしてあげる」

奈保子はそう言うなり、顔をペニスに近づける。そして、破裂寸前まで膨張した亀頭を、躊躇《ちゅうちょ》することなく咥《くわ》えこんだ。

「くおおおッ」

直樹は思わず唸り声をあげる。

熱い息が吹きかかり、柔らかい唇が張り出したカリに密着した。それだけで快感が突き抜けて、危うく暴発しそうになる。しかし、いきなり達するのは格好悪い。両手でシーツを握りしめて、なんとか快感の嵐を耐え抜いた。

(課長が、俺のチ×ポを……)

信じられない光景がひろがっている。

凜々しい女上司である奈保子が、自分のペニスを口に含んでいるのだ。しかも、奈保子には恩を感じており、なおかつ、ほのかな憧れも抱いていた。そんな女性がフェラチオをしている。

(ま、まさか、こんなことが……)

全身の血液が沸きあがるほど昂っていく。

フェラチオの経験はあるが、相手が奈保子となると話は違う。かつてない興奮が押し寄せて、我慢汁が大量に溢れ出した。

「あふっ……はむっ……ンンっ」

奈保子は鼻にかかった声を漏らしながら、唇をゆっくりスライドさせる。

我慢汁が付着しているのに、いやな顔をすることはない。それどころか、うれしそうに男根をしゃぶっている。人妻にもかかわらず、夫以外のペニスに唇を密着させて首をゆるゆると振っているのだ。

「か、課長……ううぅッ」

柔らかい唇で擦られるのがたまらない。腰に小刻みな震えが走り、両脚がつま先までピーンッと伸びきった。

「くうううッ」

「あふンっ、すごく硬くなってるわよ」

奈保子は上目遣《うわめづか》いに直樹の顔を見つめながら、濃密に男根をしゃぶっている。

首を振ると同時に、口のなかでは舌をねちっこく使っていた。カリの裏側を舌先でくすぐり、尿道口をチロチロと舐めまわす。さらには頬がぼっこり窪《くぼ》むほど、猛烈に男根を吸いあげた。

「ぬおおおッ、そ、それ、すごいですっ」

こらえきれずに快感を訴える。

射精欲の大波が押し寄せて、全身の筋肉に力をこめてやり過ごす。しかし、快感はどんどん蓄積されている。

(こ、こんなの、耐えられるはず……)

決壊するのは時間の問題だ。

股間を見おろせば、奈保子が首を振っているのが目に入ってしまう。視線がからむことで、フェラチオの快感は二倍にも三倍にもふくれあがった。

「ううッ……うううッ」

「我慢しなくていいのよ」

奈保子はペニスを口に含んだまま、くぐもった声でつぶやいた。

直樹の快感に浸っている表情を確認して、首の振り方を徐々に激しくする。唾液と我慢汁にまみれた肉棒を、柔らかい唇でヌプヌプと擦りあげていく。一往復ごとに射精欲が高まり、直樹はいつしか股間を突き出すような格好になっていた。

「や、やばいですっ……うむッ」

このままでは口のなかで暴発してしまう。

懸命に訴えるが、奈保子はフェラチオをやめようとしない。それどころか、首の振りかたを激しくする。すりこぎのように硬くなった太幹をリズミカルにしごき、敏感なカリもやさしく擦りあげる。痺れるような快感が全身にひろがり、もう我慢汁がとまらなくなっていた。

「ううウッ、ほ、本当に出ちゃいますっ」

両手を伸ばして、奈保子の頭を抱えこむ。引き剝《は》がすつもりだったが、この快楽を逃したくない。結局、両手を後頭部にまわしただけで、フェラチオされる愉悦《ゆえつ》に浸っていた。

「出して……口に出して……はンンっ」

奈保子がくぐもった声でささやき、太幹を思いきり吸いあげる。

その直後、ついに最後の瞬間が訪れた。根もとまで呑みこまれたペニスが、口のなかで跳ねまわり、先端から大量の精液が噴きあがった。

「おおおおッ、で、出るっ、くおおおおおおッ！」

低い呻《うめ》き声を振りまき、射精の快楽に酔いしれる。

精液が次々と尿道を駆け抜けていくのが気持ちいい。しかも、奈保子が吸い出してくれるので、射精の勢いが通常よりも増していく。腰がガクガクと震えて、やがて頭のなかがまっ白になった。

「ぬおおおおッ……おおおおおおッ」

もはや呻くことしかできない。精液を吸い出される快楽に酔いしれて、いつしか口の端から涎《よだれ》を垂らしていた。

「あむううッ」

奈保子は射精が終わるまでペニスを吸いつづける。そして、ザーメンをこぼさないように唇をすぼめながら、ようやくペニスを解放した。

（か、課長……な、なにを……）

絶頂直後で全身が痺れており、言葉を発することができない。

そんな直樹を見つめながら、奈保子は喉をコクコク鳴らして口内にたまっていたザーメンを飲みほした。

（ま、まさか、そんな……）

驚愕の光景を目の当たりにして、直樹はこれまでにない昂りを覚えた。

フェラチオによる口内射精だけでも興奮するのに、奈保子は精液を吐き出すことなく、すべて飲んでくれたのだ。しかも、視線を重ねたまま、まるで味わうように嚥下《えんげ》した。

「すごく濃かった……」

奈保子が火照った顔でつぶやき、指先で唇をそっと拭った。直樹を見つめる瞳の奥には、妖しげな光が揺れていた。

7

「あ、ありがとうございました……か、感激です」

絶頂の余韻はまだ醒《さ》めやらない。それでも、直樹は感動を伝えようとして、ベッドに腰かけたままつぶやいた。

まさか奈保子にフェラチオしてもらえるとは思いもしない。空いていた部屋を提供しただけで、見返りを期待していたわけではなかった。だから、お礼のフェラチオになおさら感激していた。

「まだ終わりじゃないわよ」

奈保子がすっと立ちあがる。見事な裸身が露になり、直樹の視線は再び吸い寄せられた。

たっぷりした乳房がタプタプと弾《はず》んでいる。乳首はフェラチオしたことで昂ったのか、ぷっくり隆起していた。充血したことで桜色が濃くなっているのが、彼女の興奮度合いを示しているようだった。

「一回出しただけで満足なの？」

「そ、それって、まさか……」

期待が頭をもたげかけて、慌てて強引に抑えこんだ。

これ以上はさすがにまずい。奈保子は人妻だ。フェラチオまではギリギリ許されたとしても、セックスは完全にアウトだ。それに大量に射精したことで、ペニスは半萎え状態になっていた。

「お礼なのよ。断るのは失礼でしょう」

「で、でも、これ以上は……」

「若いんだから、まだできるはずよ」

直樹の言葉を無視して、奈保子が両手を肩にかける。

目の前には大きな乳房が迫り、むしゃぶりつきたい衝動がこみあげた。そんな直樹の心理を見抜いているのか、奈保子が身体をすっと寄せる。乳房の谷間が顔に押し当てられて、蕩《とろ》けるような感触に包まれた。

「うむむっ……」

柔肌が顔面に密着して息ができない。だが、そんなことより、この奇跡のような感触を味わいたかった。

(な、なんて柔らかいんだ……)

新たな感激がこみあげる。

これまで交際してきた女性たちより、ずっと柔らかい。三十三歳という年齢のせいなのか、それとも経験の差なのか。いずれにせよ、いつまでも顔を埋めていたくなる感触だ。

　肌は絹のようになめらかで、顔を左右に動かすと頬に触れている部分がスベスベしている。この状況で欲望を抑えられるはずがない。そのまま顔を滑らせて、桜色の乳首を口に含んだ。

「あンっ……」

　奈保子は小さな声を漏らすが、いやがっているわけではない。乳首をしゃぶられているのに、直樹の頭をそっと撫でている。

　許可がおりたと判断して、大胆に舌を這いまわらせる。乳首と乳輪をねぶりまわしては、唾液をたっぷり塗りつけていく。敏感に反応してさらに充血したところを、幼子のようにチュウチュウと音を立てて吸いあげた。

「はあンっ、おっぱいが好きなのね」

「そ、そんなことは……」

「それなら、どうして元気になってるの？」

　指摘されて、己《おのれ》の股間に視線を向ける。すると、ペニスが再び隆々とそそり勃《た》っていた。

「おっぱいを舐めて興奮したのね」

奈保子はそう言うと、直樹のスウェットを頭から抜き取った。

これでふたりとも生まれたままの姿だ。さらには肩を押されて、直樹はベッドで仰《あお》向《む》けになった。

勃起したペニスが天井を向いており、ヒクヒクと揺れている。射精した直後だというのが嘘のように、太幹には青スジまで浮かんでいた。そこに奈保子の白い指が巻きついて、ゆるゆるとしごきあげる。

「ううッ……」

直樹は呻くことしかできない。期待がふくれあがり、脳髄が灼けただれたように興奮していた。

「ああンっ、すごいわ。吉沢くん、素敵よ」

奈保子はため息まじりにつぶやき、直樹の股間にまたがった。

両足の裏をシーツにつけた騎乗位の体勢だ。奈保子はいったん左手を背後について股間を突き出した。そして、右手を自分の股間に伸ばすと、人さし指と中指で逆V字を作ってあてがった。

「よく見て、ああっ、ここに入るのよ」

奈保子もかなり興奮しているのか、声がうわずっている。

両膝を立てて大きく開いているため、秘められた部分が露になっているのだ。楕円形に整えられた陰毛の下に、サーモンピンクの陰唇が確かに見える。そこを自分の指で割り開いて、赤々とした膣《ちつ》のなかが剝《む》き出しになった。

（あ、あれが、課長の……）

直樹は目を見開いて生唾を呑みこんだ。

まさか奈保子の膣内を目にする日が来るとは思いもしない。しかも、大量の華蜜が溢れており、ヌラヌラと濡れ光っている。陰唇は少し伸びており、物欲しげにうねっているのが卑猥だ。

（い、挿《い》れたい……課長のなかに……）

膣を目の当たりにしたことで、欲望の炎が一気に燃えあがった。

ペニスがさらに反り返り、先端から我慢汁がどっと溢れる。牡《おす》のにおいが濃厚に漂いはじめて、淫らな気分に拍車がかかった。

「もう我慢できないみたいね」

奈保子は反らしていた上半身を起こすと、両手を直樹の腹に置く。そして、そそり勃ったペニスの真上から、陰唇をそっと押し当てた。

「うっ……」

軽く触れただけで、ニチュッという湿った音が響きわたった。

「手を使わないでも入れられるかしら……ンンっ」

奈保子はこの状況を楽しんでいるようだ。

両膝を立てた騎乗位の体勢で、腰をゆっくり前後に動かしている。手を使わないで挿入するつもりらしい。

「ううっ……」

呻き声を我慢できない。

華蜜と我慢汁がまざり合って、ヌルヌル滑っている。これだけでも鮮烈な快感が生じているのに、挿入したらどうなってしまうのだろうか。

(は、早く、早く挿れたい……)

亀頭の先端を陰唇で擦られて、欲望がふくれあがっていく。

年上の女性とセックスするのはこれがはじめてだ。奈保子に主導権を握られて、まるで筆おろしをされるような気分になっていた。

「あンっ、先っぽが入りそうよ」

奈保子の唇から甘い声が漏れる。

腰を前後にスライドさせているうちに、亀頭の先端が膣口にはまったらしい。そのまま腰をゆっくり落とせば、湿った音とともに亀頭が呑みこまれていく。

「ああァッ、お、大きいっ」

奈保子の顔が快感に歪む。その直後、いちばん太いカリの部分が、膣口をヌルリッと通過した。

「くぅうッ」

ついにペニスの先端が膣のなかに入った。今まさに、直樹は奈保子とセックスしているのだ。

「か、課長……ううぅッ」

感動と快感が同時に押し寄せる。

亀頭が熱い媚肉に包まれて、無数の膣襞《ひだ》がからみついていた。先ほど見せつけられた膣壁がウネウネと蠢《うごめ》いている。奈保子がさらに腰を落とすことで、ペニスが膣道を押し開いていく。

「はあああッ」

「おおおッ、す、すごいっ」

根もとまでつながり、快感がより大きくなる。

己の股間に視線を向ければ、ペニスは完全に呑みこまれて見えなくなっていた。深く結合したことで、ふたりの股間がぴったり重なっている。互いの陰毛がからまることで、シャリシャリと乾いた音を立てていた。

「こんなに大きいなんて……アソコがひろがっちゃうわ」

奈保子はそう言いながら、腰をゆったりまわしはじめる。

ペニスを根もとまで呑みこんだ状態で、まるで臼をひくように腰を動かす。ピストンほど刺激は強くないが、ペニスを四方八方から揉みくちゃにされるのは、たまらない快感だ。

「そ、そんなことされたら……ううぅッ」

懸命に訴えるが、途中から呻き声に変わってしまう。

膣でペニスを絞りあげられているようだ。大きな動きではないのに、常に新しい快感が生じている。あっという間に射精欲がふくれあがり、居ても立ってもいられなくなってきた。

「も、もうっ……か、課長っ、くうううッ」

「気持ちいいのね。もっと気持ちよくしてあげる」

奈保子の腰の振りかたが上下動に変化する。

両手を直樹の腹に置いて前屈みになり、ヒップを上下に弾ませるのだ。屹立したペニスが膣に出入りをくり返し、膣壁で何度も擦りあげられる。先ほどのねっとりした動きから一転して、強烈な快感が送りこまれた。

「も、もうダメですっ、お、俺、もうっ」

射精欲がどんどん大きくなり、頭のなかがまっ赤に燃えあがる。視界も紅蓮の炎に包まれて、腰を振る奈保子の姿が赤く染まって見えた。

「硬くて大きいから……ああンっ、わたしも感じちゃう」

濡れた黒髪を振り乱して奈保子が喘ぐ。

腰の動きに合わせて、双つの乳房がタプタプ揺れる。桜色の乳首はとがり勃ち、乳輪まで硬く隆起していた。直樹は両手を伸ばすと、下から乳房を揉みあげる。柔肉に指をめりこませながら、乳首を指の股で挟みこんだ。

「はンンッ、ダ、ダメっ」

女体がビクンッと反応する。奈保子は眉を困ったような八の字に歪めて、直樹の顔を見おろした。

「乳首、ダメ……今は感じすぎちゃうから」

そう言いながらも、奈保子の腰の動きは激しさを増していく。

亀頭が抜け落ちる寸前まで尻を持ちあげて、すぐに勢いよく打ちおろす。それをくり返すことで、快感が際限なく膨張する。そして、いよいよ絶頂の大波が轟音を響かせながら迫ってきた。

「き、気持ちいいっ、ううウッ、気持ちいいですっ」

これ以上は耐えられない。急激に限界が近づいていると思った直後、膣のなかでペニスが暴れはじめた。

「うわあああッ」

「なかで跳ねてるわ。イキそうなのね。イッていいわよっ」

「も、もうダメですっ、おおおおッ、ぬおおおおおおおおおッ！」

直樹は獣《けもの》のように唸りながら、ついに奈保子の膣のなかで絶頂を迎える。思いきり股間を突きあげて、欲望のままに精液をドクドク放出した。快感で全身の筋肉が痙攣《けいれん》するなか、二度目とは思えないほど大量の精液を噴きあげた。

「はあああッ、い、いいっ、あぁああああああッ！」

奈保子もよがり泣きを響かせる。

膣奥で熱い精液を受けとめて、女体がビクンッと反応した。根もとまでつながった状態で、膣道全体が収縮する。ペニスが絞りあげられて、さらなる快感が直樹の全身を灼きつくした。

頭のなかがまっ白になっている。

射精は驚くほど長くつづき、もう出なくなるまで放出した。最後の一滴まで注ぎこむと、目の前がふっと暗くなった。

体力を使いはたしたのか、それとも快感が大きすぎたのか。とにかく意識がぷっつりとぎれて、直樹は暗闇のなかに落ちていった。

第二章　お礼はバスルームで

1

翌朝、目が覚めると奈保子の姿はなかった。

直樹は自分のベッドで、ふとんをきちんとかぶっていた。もしかしたら、すべて夢だった気がして焦った。

（ウソだろ……）

慌ててベッドの上で身を起こす。

そのとき、自分がなにも身につけていないことに気がついた。スウェットの上下とボクサーブリーフは、きれいに畳んで枕もとに置いてあった。

（これは……）

自分でそんなことをやるはずがない。奈保子が畳んでくれたのだと確信して、胸の奥が熱くなった。

「課長っ……」

思わず寝室を飛び出した。

しかし、リビングにも奈保子の姿は見当たらない。静まり返った部屋が、やけにがらんとして感じられた。

(そんな……)

黙って出ていってしまったのではないか。

これでお別れだと思うと淋しすぎる。最後くらい、きちんと挨拶がしたかった。もちろん、出社すれば会えるが、仕事とプライベートでは違っていた。

この三日間、四六時中、上司といっしょで息苦しく思ったこともある。だが、身体の関係を持ったことで、ふたりの距離は一気に縮まった。もう、ただの上司と部下ではない。男と女の関係になり、特別な想いが生じていた。

しかし、奈保子は出ていってしまった。

最後の夜だからこそ、あんなことをしてくれたに違いない。残念な気もするが、これで終わりにするしかなかった。

直樹が出社すると、すでに奈保子は仕事をはじめていた。

なに食わぬ顔でパソコンに向かっている。グレーのスーツに身を包み、凜とした表情でモニターを見つめていた。

昨夜は直樹のペニスをしゃぶり、精液をすべて飲んでくれたのが嘘のようだ。さらには騎乗位で腰を振り、再び絶頂に導いてくれたのだ。

直樹が出社したことに気づいているはずなのに、奈保子はこちらをチラリとも見ない。すべてをなかったことにするつもりかもしれない。

（仕方ないよな……）

直樹は心のなかでつぶやいた。

そもそも奈保子は一時的に家出をしたにすぎない。夫と別れるつもりだったわけではなく、謝ってくれたら帰るという話だった。

最初からわかっていたことだ。奈保子は人妻なのだから、あきらめるしかない。一度でもセックスできただけでラッキーだった。

「吉沢さん、やっぱりおかしいですよ」

掃除をしていた美緒が、箒を持ったまますっと近づき、小声でささやいた。

「なんの話？」

「課長ですよ。なんだか、すっきりした顔をしています」

美緒はそう言って、奈保子をチラリと見やった。

「そ、そうかな……」

内心ドキッとするが、直樹はとぼけて答える。まさか、昨夜のセックスが顔に出ているわけではないだろう。ここはとぼけつづけるしかなかった。

「あれは、なにかいいことがあった顔です」

「いつもと同じだと思うけど……」

「今朝の課長は、お化粧の乗りが違います。女は精神状態が肌に出るんです。なにかいいことがあった証拠です」

美緒は自信を持って言いきった。

化粧の話になると、まるでわからない。直樹は反論する術《すべ》を失って、思わず黙りこんだ。

「出社時間が急に早くなったのも怪しいですよね。もしかしたら、家に帰っていないんじゃないですか」

「そ、それは、ちょっと飛躍しすぎじゃないかな」

「あり得ると思います。誰かの家に泊まっているから、そこの住人に合わせて出社時間が変わったとか」

美緒はむずかしい顔で推理を語った。

女の勘とは恐ろしいものだ。今のところ美緒の推理はかなり真実に近い。このままでは見抜かれるのではないか。

（いや、でも今日で終わったんだ）

奈保子は出ていったのだから、もう心配する必要はない。そのことに気づいてほっとする。直樹もモップを持ってくると、掃除の手伝いをはじめた。

「なにか、おかしいんですよね……」

美緒はまだブツブツ言っている。

奈保子の微妙な変化に気づいているが、その原因がわからず、首を何度もかしげていた。

その夜、直樹が仕事を終えてマンションに帰ると、ほどなくしてインターホンのチャイムが鳴った。

（えっ、どうして……）

液晶画面を見ると、そこには奈保子の姿が映っていた。

「忘れ物ですか？」

マイクに向かって話しかけると、奈保子はあからさまに眉根を寄せた。

「なにを言ってるのよ。早く開けなさい」

なにやら不機嫌な感じだ。とにかく、急いで解錠ボタンを押して、エントランスの自動ドアを開けた。

「ただいま」

奈保子は帰ってくるなり、ソファに腰かける。そして、疲れた様子で大きく伸びをした。

「あの……どうしたんですか？」

「どうもしないわよ。吉沢くんこそ、なにかあったの？」

奈保子が訝《いぶか》しげな視線を向ける。

そして、リモコンを手にすると勝手にテレビをつけた。奈保子は当たり前のようにソファに腰かけて、すっかりくつろいでいる。まるで自分の部屋にいるようにリラックスしていた。

「い、いや、その……もしかして、今夜も泊まるんですか？」

まさかと思いながらも疑問をぶつける。すると、奈保子は寝耳に水といった感じで目を見開いた。

「泊まったらダメなの？」

「二、三日って言ってたから、てっきり……」

「やっぱり迷惑だったのね……ごめんなさい」

奈保子はショックを受けた様子でうなだれる。黒髪がざっくり垂れて、表情を確認できなくなった。

「すぐに出ていくわ」

「待ってください、家に帰るんですか？」

「夫は謝ってないもの。まだ帰るつもりはないわ」

奈保子はうつむいたまま、ぽつりと答えた。

「じゃあ、どこに……」

「さあ……ネットカフェにでも行くわ」

「そ、そんな……それなら、ここに泊まってくださいよ。ここなら、ずっといてもいいですから」

慌てて声をかける。

お世話になった奈保子を追い出すようなことはできない。行く場所がないなら、なおさらだ。

「本当？」

奈保子が顔をあげずにつぶやく。肩が小刻みに震えいてるが、もしかしたら泣いているのだろうか。まさか涙を流すとは思いもしない。よほど追いつめられているに違いなかった。

「本当です。男に二言はありません」

安心させてあげたくて、きっぱり言いきった。

「よかった。それじゃあ、しばらくお世話になるわね」

顔をあげた奈保子は満面の笑みを浮かべている。声も明るく、涙など一滴も流れていなかった。

「あ、あれ？」

「うちの人、意外に頑固なのよね。謝るまで帰らないって決めたけど、長くかかりそうだからホテルに泊まると高くつくでしょう。助かったわ」

呆気に取られている直樹を見て、奈保子は楽しげに語りつづける。

すっかり騙された格好だが、またセックスできるかもしれないという期待がふくらんだ。それなら、上司との共同生活も悪くないだろう。このときは、そんなふうに考えていた。

2

直樹は帰宅ラッシュで混み合う地下鉄に揺られていた。

（あれから、もう一週間も経ったのか……）

吊革につかまりながら、ふと考える。

突然、奈保子が訪ねてきたのは一週間前のことだった。二、三日だけ泊まらせてほしいと言われて、お世話になっている恩もあったので受け入れた。そして、三日目の晩、お礼としてフェラチオのあと、セックスさせてくれた。

そして、一週間経った今も奈保子は泊まっている。

残念ながら、あれから指一本触れていない。奈保子にその気がないので、どうすることもできなかった。

しかし、奈保子は時間があるときはご飯を作ってくれる。

意外と言っては失礼だが、それが結構うまいのだ。昨夜はいつもより少し早く帰宅したので、トンカツを揚げてくれた。まさか自宅で揚げたてのトンカツが食べられるとは思いもしなかった。

（でも、やっぱり……）

猛烈な腰使いと、吸いつくような膣の感触が忘れられない。

望んではいけないことだとわかっているが、もう一度だけでも奈保子とセックスがしたかった。

やがて地下鉄が駅に到着した。

ホームに降り立つと、大勢の人に流されるように歩いていく。そして、エスカレーターで地上にたどりついたとき、背後から肩をぽんっとたたかれた。

「吉沢くん」

声を聞いただけで、誰なのかすぐにわかった。

振り返ると、そこには奈保子が立っていた。グレーのスーツ姿で微笑を浮かべている。どうやら、同じ地下鉄に乗っていたらしい。いつも直樹のほうが早いので、はじめてのケースだった。

「今日はずいぶん早いんですね」

「たまたま早く終わったのよ。せっかくだから、外で飲んでいかない？」

奈保子はそう言って、飲み屋街のほうに視線を向けた。

めずらしい提案だ。考えてみれば、共同生活がはじまってから外食をしたことはなかった。

「いいですね。たまには行きましょうか」

気分が変わって楽しそうだ。直樹がふたつ返事で提案に乗ると、奈保子は満面の笑みを浮かべた。

マンションには寄らず、そのまま飲み屋街に向かう。

観光地ではなく、地元の人たちで賑わう場所だ。この界隈は値段も手ごろで、良心的な店が多いと聞いている。

「どこか知っているお店はあるの？」

「あまり外では飲まないので……」

「それじゃあ、適当に入っちゃいましょうか」

奈保子が選んだのは年季の入った居酒屋だった。

店の前に置いてあるメニューを見ると、やきとり、刺身、いくら丼、ジンギスカンなど、なんでもありそうな雰囲気だ。ここなら好きなものが食べられるだろう。

「いらっしゃいませ」

暖簾《のれん》を潜って入ると、すぐに威勢のいい声が迎えてくれる。

カウンター席が八つに四人がけのテーブル席が三つ。それほどひろくないが、活気があって、感じのいい店だ。席は八割方埋まっている。直樹と奈保子はカウンター席に案内された。

八つある席のいちばん奥に女性がひとりで座っており、ひとつ空けて奈保子、その隣に直樹が腰かけた。カウンター席には、ほかにもスーツ姿のおじさんが三人いて、おおいに盛りあがっていた。

「とりあえず、ビールですよね」

「そうね。頼んじゃいましょう。すみません」

さっそく生ビールの中ジョッキをふたつ注文する。すぐに出てきたので、まずは乾杯した。

「やっぱり、仕事のあとのビールは最高ですね」

「あら、今日の吉沢くん、そんなに仕事をしていたかしら？」

奈保子にすかさず突っこまれて、直樹は思わずうなだれる。

今日は作成した書類に不備があり、奈保子に指摘されて慌てて直したのだ。奈保子が気づいてくれなければ、面倒なことになっていた。

「課長のおかげで助かりました。ありがとうございます」

「わかればよろしい。では、ここからは無礼講ということで楽しく飲みましょう」

奈保子が上司らしく仕切ってくれる。

乾杯をし直して、ふたりでメニューを見ながらつまみを選んだ。こんな時間も楽しくてワクワクしてしまう。グリーンサラダにフライドポテト、ホッケに枝豆など、定番のつまみを注文した。

同じ職場なので話題はつきない。奈保子は酒が入るとよく笑う。上司だが偉ぶったところがないため話しやすい。ビールを何杯かおかわりして、楽しい時間はあっというに過ぎていった。

「ラストオーダーのお時間ですが、追加のご注文はございますか」

店員に声をかけられるまで、時間をまったく気にしていなかった。

腕時計を見やると、午前零時半になったところだ。この店は零時半がラストオーダーで、閉店は午前一時だという。

「じゃあ、最後に生をふたつください」

奈保子が機嫌よく注文する。

店内を見まわすと、すでに客は自分たちふたりと、来たときからカウンターの奥の席に座っていた女性だけになっていた。

（あの人、なんかおかしいな……）

ずっと気になっていたのだが、なにやら表情が暗い。うつむき加減で、なにかを思いつめているようだ。

直樹の席からだと、その女性は奈保子のふたつ向こうに座っている。そのため、奈保子と話をしていると、どうしても目に入ってしまう。

年のころは三十前後だろうか。

髪は明るい色でふんわりしている。焦げ茶のフレアスカートに白いブラウス、その上に黄色いカーディガンを羽織っており、椅子の背もたれには薄手のコートがかけてあった。

ＯＬではなく、普通の主婦に見える。だが、もしそうだとしたら、こんな時間までひとりで飲んでいるのは不自然だ。

彼女の前にはレモンサワーのジョッキとシーザーサラダが置いてある。しかし、レモンサワーは半分も飲んでいないし、サラダもほとんど手つかずだ。追加注文をしている様子はなかった。

（ひとりで、なにをやってるんだ？）

直樹が気にしていると、奈保子が彼女のほうをチラリと見やる。そして、再び直樹に視線を向けた。

「なんか、ワケありそうですよ」

小声で耳打ちすると、奈保子はこっくりうなずいた。

もしかしたら、ずっと気になっていたのかもしれない。奈保子はビールをひと口飲むと、彼女のほうに向き直った。

「このお店、よく来るんですか？」

さりげない感じを装って声をかける。すると、彼女は驚いた様子で肩をビクッと震わせた。

「えっ……わ、わたしですか？」

あたりをキョロキョロ見まわしてから、消え入りそうな声でつぶやく。まさか自分が話しかけられるとは思っていなかったらしい。身体を反らしぎみで、話しかけられたくないのが顔に出ていた。

それでも奈保子はまったく引こうとしない。ジョッキを手にして、ひとつ空いていた席に移動した。

「そう、あなたよ。ひとりで飲んでるから、なれてるのかなと思って」

奈保子は軽い感じで話しかける。

だが、絶対にそんなことは思っていない。どう転んでも、彼女は飲みなれているように見えなかった。

「い、いえ……はじめてのお店です」

声がますます小さくなっていく。それでも、きちんと返答するのは、女性同士の安心感があるからだろうか。

「近くにお住まいなんですか」

すでに終電もない時間だ。遠くならタクシーを使うしかない。直樹のマンションは歩いて行ける場所だが、彼女はどこに住んでいるのだろうか。

「旭川です」

「ずいぶん遠くからいらっしゃったんですね」

奈保子が驚くのも当然だ。

札幌と旭川はかなり離れている。車なら高速道路を使っても二時間はかかるし、特急列車に乗っても一時間半はかかるだろう。ふらりと遊びに来るような距離ではなかった。

「ちょっと、ひとりになりたくて……」

彼女がそこで口ごもる。

なにか事情があるのは間違いない。かかわらないほうがいい思う一方、手を差し伸べてあげたい気もする。きっと奈保子も同じ気持ちなのだろう。彼女の心を、なんとかほぐそうとしているのがわかった。

「せっかくだから、乾杯しませんか。あっ、わたしは——」

奈保子は簡単に自己紹介する。名前と不動産会社に勤務していること、それに既婚者だということを伝えた。

「わ、わたしは——」

彼女も名乗らなければならないと思ったらしい。小声でぼそぼそと自己紹介をはじめた。佐伯麻里佳《さえきまりか》、既婚者で専業主婦だという。

「わたしは三十三なんだけど、近いんじゃないかしら」

「三十です……」

麻里佳の声は相変わらず小さいが、意外と素直に答えている。

もしかしたら、ひとりで淋しかったのではないか。話しかけられたのが、うれしかったのかもしれない。ぽつりぽつりと話す姿を見ていると、いやがっている感じはしなかった。

「あっ、彼は部下の——」

奈保子が直樹のことを紹介してくれる。

「どうも……」

頭をペコリとさげると、麻里佳も遠慮がちに会釈した。

（あっ、意外と……）

そのとき、はじめて目が合った。

暗い表情ばかりが気になっていたが、色白でなかなかの美形だ。気の弱そうな目をしており、守ってあげたくなる雰囲気の女性だった。

「では、出会いに乾杯しましょう。カンパーイッ」

奈保子の強引な音頭で乾杯する。

とにかく、三人でジョッキを合わせると、ほんの少しだけ空気が和んだように感じるから不思議だった。

「それで、麻里佳さん、ひとりになりたいって言ってたけど、なにかあったの？」

奈保子が気になっていたことを尋ねる。

すると、麻里佳は口を開きかけて、すぐに閉じてしまう。なにかを話したい気持ちはあるらしい。すると、奈保子は無理に聞き出そうとせずに、自分のことを話しはじめた。

夫が相談なしに仕事を辞めてしまったこと。それなのに次の仕事を探すことなく家でゴロゴロしていること。見かねて口論になり、奈保子は家出をしている最中だといううこと。

麻里佳は神妙な顔で、奈保子の話に耳を傾けていた。

女同士、共感するところがあったのかもしれない。話を聞き終えると、麻里佳は意を決したように口を開いた。

「じつは、わたしも家出をしてきたんです」

普通なら衝撃的なひと言だ。しかし、奈保子という前例があるので、それほど驚かなかった。

「なにか事情があるのね」

奈保子がやさしく声をかける。

すると、麻里佳はこっくりうなずき、瞳に見るみる涙をためていく。そして、ついに決壊して、溢れた涙が頬を伝い落ちた。

「夫が浮気をして……うっぅぅっ」

麻里佳は泣きながらも説明する。

どうやら、夫が会社のＯＬと浮気をしているらしい。夫の様子がおかしいので、スマホをチェックしたことで発覚したという。

「わたしが、スマホをのぞいたりしたから……」

「麻里佳さんは悪くないわ。悪いのは浮気をした旦那さんよ」

奈保子が懸命に慰《なぐさ》める。

泣きつづける麻里佳を見ていると、思いつめて間違いを起こしそうだ。奈保子が心配するのもわかる気がした。

「あの、すみません。そろそろ閉店なんですが……」

店員が申しわけなさそうに声をかける。

深刻な雰囲気を感じて、ためらっていたのだろう。かえって申しわけない気持ちになった。

急いで会計を済ませると、三人は外に出た。

「荷物はそれだけ？」

奈保子が不思議そうに声をかける。

麻里佳はハンドバッグひとつしか持っていない。すでにホテルにチェックインしており、部屋に荷物を置いてあるのだろうか。

「口げんかになって、急に飛び出してきたから……」

どうやら、他になにも持っていないらしい。衝動的に家出をしてしまったようだ。

「どこに泊まってるの？」

奈保子の問いかけに、麻里佳は首を左右に振った。

「お金はあるの？」

「それが、あんまりなくて……」

所持金が少なく、泊まるところもないという。

そんなことを聞いてしまったら放っておけない。しかし、赤の他人を部屋にあげるのは抵抗があった。

「ねえ、吉沢くん……」

奈保子が振り返り、目で訴えかけてくる。

似たような境遇の麻里佳に共感しているのだろう。助けてあげたいと思っているに違いない。

「なんとかならないかな」

「そう言われても……」

直樹は躊躇するが、奈保子が懇願するような瞳で見ている。そんな顔をされたら心が揺らいでしまう。

「二、三日でいいのよ」

どこかで聞いたセリフだが、この状況では断れるはずがなかった。

「わかりましたよ。ウチに行きましょう」

「吉沢くん、ありがとう」

奈保子が手を握って礼を言う。

たったそれだけで胸が熱くなる。久しぶりに奈保子の体温を感じたことで、受け入れてよかったと心から思った。

「すみません、ありがとうございます」

麻里佳が涙ぐみながら頭をさげる。

お金もなくて、泊まるところもなくて、きっと不安だったに違いない。ほっとした気持ちが伝わると同時に、すぐに受け入れるべきだったと反省した。

3

「麻里佳さんは、わたしが借りている部屋でいっしょに寝ましょう。吉沢くん、それでいいわよね」

マンションに到着すると、奈保子が穏やかな声で提案する。

直樹も同じ考えだったので、即座にうなずいた。布団だけはたくさんある。会社が研修のときのために用意したものだ。それを使わせてもらえば、とりあえず寝る場所には困らない。

「麻里佳さん、こっちよ」

奈保子が麻里佳を連れて、自分の部屋に入っていった。

（なんだか、大変なことになったな……）

冷静になって考えると大事だ。

人妻ふたりと同居することになってしまった。ひとりでも気を使うのに、ふたりになったらどうなってしまうのだろうか。

女性といっしょに暮らすのは、楽しいことばかりではない。シャワーやトイレ、洗濯物など、いろいろと気にかけなければならないことが多いのだ。考えただけでも緊張が高まった。

しばらくすると、奈保子がひとりでリビングに戻ってきた。

「あれ、麻里佳さんは？」

「彼女のことが気になるの？」

「ち、違いますよ」

からかうように言われて、ついむきになってしまう。すると、奈保子はさも楽しげに「ふふっ」と笑った。

「よっぽど疲れていたのね。布団を敷いて、ちょっと横になったら、すぐに寝ちゃったわ」

それで布団をかけてあげて部屋から出たという。ゆっくり寝かせてあげたいという奈保子の配慮だ。

「課長、先にシャワーを浴びてください」

「麻里佳さんのことが気になるから、わたしはあとでいいわ。吉沢くんが先に浴びてちょうだい」

「わかりました。では、お先に……」

急いで浴びなければ、寝るのが遅くなってしまう。直樹は脱衣所に向かうと、服を脱いでバスルームに足を踏み入れた。

カランをまわして、頭からシャワーの湯を浴びる。

居酒屋の外で立ち話をしたので、体が冷えきってしまった。湯温を少し熱めに調節すると心地よい。しばらく頭から浴びていると、背後でバスルームの扉がガチャッと開く音がした。

「ごいっしょしてもいいかしら」

奈保子の声だった。

すぐにシャワーをとめて振り返る。すると、そこには一糸まとわぬ姿の奈保子が立っていた。

「な、なにを……」

驚きのあまり言葉につまってしまう。

三日目の晩に、お礼と称してセックスして以来、淫らなことはいっさい起きていなかった。もう相手にされていないのだろうとあきらめていたのに、いきなり裸でバスルームに入ってきたのだ。驚くなと言うほうが無理な話だ。

奈保子はすでに裸体を見せているというのに、右手で乳房を左手で股間を覆い隠している。頬をほんのり桜色に染めているのも、恥じらいが感じられて妙に色っぽく見えた。

「ど、どうしたんですか？」

「麻里佳さんを泊まらせてくれたお礼をしようと思って」

奈保子はくびれた腰をくねらせながらつぶやく。

手のひらで隠しきれていない乳房がタプンッと弾み、思わず喉をゴクリと鳴らしてしまう。剝き出しになっているペニスが、あっという間に芯を通して反り返る。雄々しくそそり勃ち、カリがビキビキと張り出した。

「で、でも、麻里佳さんは……」

「ぐっすり寝てるから大丈夫よ。だから、今のうちにお礼をさせてね」

お礼と聞いて、三日目の晩を思い出す。あのときもお礼と言って、フェラチオのあとセックスさせてくれたのだ。

「もう元気になってるじゃない。期待してるのかな？」

奈保子は勃起したペニスをチラリと見やり、ボディソープを手に取って泡立てはじめる。そして、両手を直樹の胸板にそっと押し当てた。

「わたしが洗ってあげる」

大きな円を描くように手のひらを動かしはじめる。

肌の表面をヌルヌルと滑る感触が心地いい。指先が乳首をかすめると、それだけで体がピクッと反応した。

「か、課長……」

突然のことにとまどうが、もちろん拒否するつもりはない。期待の大きさを示すように、ペニスはさらに膨張して張りつめた。

「また大きくなったわ。気持ちいいのね」

奈保子は直樹の目を見て楽しげにささやきながら、泡だらけの指先で乳首を集中的にいじりはじめる。

ねちっこく転がしたと思ったら、指先でそっと摘まみあげる。しかし、泡が付着しているので、乳首はヌルッと逃げてしまう。そのときの滑る感触がたまらない快感を生み出した。

「ううっ……」

すでにペニスはこれ以上ないほど勃起している。先端から透明な汁が次々と湧き出しており、張りつめた亀頭はテカテカに濡れ光っていた。

「オチ×チン、苦しそうね」

奈保子はそう言いつつ、ペニスには触れてくれない。胸板にあてがっていた手のひらを、腋の下に滑りこませた。

「そ、そこは、くすぐったいです」

「くすぐったいのも、そのうち快感になるのよ」

奈保子の手つきはねちっこい。敏感な腋の下を泡だらけにしながら、ゆっくり擦りつづける。そして、その手を脇腹へとじりじり滑らせていく。

「くうっ……」

やはりくすぐったさが先に立ち、思わず腰をくねらせる。やがて手のひらは脇腹から前に移動して、股間へと接近する。臍の下をやさしく撫でて、生い茂る陰毛に泡を塗りつけた。

(も、もうちょっとで……)

ペニスに触れてもらえる。

いよいよ強い快感が与えられると思って、無意識のうちに股間を突き出す。ところが、奈保子の手は太腿へと移動する。そして、ボディソープの泡をヌルヌルと塗り伸ばした。

「そ、そこじゃなくて……」

我慢できなくなって訴える。

もっと強い刺激がほしいのに、核心部分はスルーされてしまう。ペニスの周囲ばかりを触られて、執拗に焦らされているのだ。勃起した肉棒はヒクヒク揺れており、我慢汁ばかりが大量に溢れていた。

「触ってあげてもいいけど、すぐに出しちゃダメよ」

奈保子は唇の端に笑みを浮かべると、ついに泡だらけの指を太幹に巻きつける。

軽く握られただけでもヌルリッと滑り、甘い刺激がひろがった。我慢汁がドクッと溢れて、腰に小刻みな痙攣が走り抜けていく。

「うううッ」

いきなり射精欲の大波が押し寄せる。慌てて奥歯を食いしばり、両足のつま先を内側に曲げて床をつかんだ。

奈保子に忠告されていなければ、つかまれた瞬間に射精していたかもしれない。それほどまでの快感が直樹の全身にひろがっていた。今も指を巻きつけられているだけなのに、我慢汁が溢れつづけている。ペニスの先端から透明な汁がツツーッと糸を引いて垂れていた。

「動かすわよ」

奈保子は宣言してから、指をゆっくりスライドさせる。とたんに鮮烈な快感が湧きあがった。

「す、すごいっ、くううッ」

全身の毛穴から汗がいっせいに噴き出した。

ボディソープでヌルヌル滑る感触が心地いい。ふつうにしごくのとは桁違いの快感だ。構えていなければ、あっという間に達していただろう。望んでいた刺激を与えられたのに、今度は耐えるのに必死だった。

「そ、それ以上されたら……」

「こんなにゆっくり動かしてるのにイキそうなの？」

奈保子は口もとに笑みを浮かべている。

快感に歪んだ直樹の顔を見て、楽しんでいるらしい。手筒を超スローペースで動かすだけで、決して絶頂を与えない。そうやって焦らしつづけることで、直樹を悶えさせているのだ。

「ううッ、も、もうっ……」

訴える声がつい大きくなってしまう。

直樹の呻き声とペニスを擦るクチュッ、ニチュッという湿った音が、バスルームの壁に反響した。

「出したいのね。でも、もう少し我慢して」

奈保子はペニスから手を離してしまう。そして、ボディソープを再び取って泡立てると、自分の乳房に塗りつけた。

「向こうを向いて、壁に手をついてくれるかな」

「こ、こうですか？」

言われるまま壁のほうを向いて両手をつける。

その直後、奈保子が背中に密着した。泡まみれの乳房を押しつけて、両手を胸板にまわしこんでくる。

「な、なにを……」

「こうすると気持ちいいでしょう？」

奈保子は背中に抱きつくと、身体をゆっくり上下左右に動かしはじめた。

（これって、まるで……）

ソープランドのようではないか。

直樹は行ったことはないが、ソープ嬢がこういうプレイをするのは知っている。経験してみたいと思うが、ソープランドに行く勇気はなかった。

「こういうの、どうかな？」

奈保子が耳もとでささやきながら身体をくねらせている。

背中に押しつけられた乳房が、柔らかく形を変える感触がたまらない。しかも、ただでさえ絹のようになめらかな肌に、泡がたっぷりついているため、ヌメヌメと滑る感触が倍増しているのだ。

さらには前にまわした手で胸板をまさぐられて、乳首をやさしく転がされる。そして、右手だけがじりじりとさがり、ついには細い指が太幹に巻きついた。

「くううッ」

「ねえ、気持ちいいの？」

耳もとで何度もささやかれて、直樹は思わず何度もうなずいた。

「き、気持ちいいですっ」

そのひと言でしか表現できない。

このまま我慢汁がダラダラ流れるペニスを思いきりしごいてほしい。だが、その願いは叶えられない。奈保子はただ握っているだけで、決してペニスに刺激を与えてくれなかった。

「う、動かしてください」

「オチ×チン、シコシコしてほしいの？」

背後から耳の穴に熱い息を吹きこみながら、卑猥な言葉をささやかれる。それだけで感度がアップして、硬直した肉棒がピクッと跳ねた。

「し、してほしいです……」

羞恥で顔が火照るが、欲望を抑えられない。思いきって懇願するが、奈保子の返答は非情なものだった。

「ダメよ」

「そ、そんなぁ……」

つい情けない声が漏れてしまう。

背中に乳房を押しつけられて、左手で乳首を転がされる。それだけでも強烈な快感だが、昇りつめることはできない。ペニスへの直接的な刺激を求めて、腰をクネクネと左右に振りつづけた。

「感度がいいのね。かわいいわ」

奈保子はそう言って、直樹の耳たぶに舌を這わせる。そうやっていろいろな愛撫を同時に施すことで、直樹の性感を追いこんでいた。

「ど、どうして、こんなことを……」

「どうしてかしら……わたしもこんなことするの、はじめてなのよ」

奈保子は話しながらも身体をくねらせて、乳房で背中をマッサージしつづける。同時に乳首を転がすが、ペニスは握ったままで焦らしていた。

「吉沢くんって初心《うぶ》な感じがするから、いじめたくなるのよね」

「ううッ、お、俺……もう……」

これ以上は我慢できない。直樹が腰を激しく揺すると、奈保子は身体をすっと離した。そして、シャワーの湯で自分の手と直樹の体に付着した泡を洗い流した。

「本当は一回だけのつもりだったけど、やっぱり我慢できなくなってしまったの」

前回のセックスが思った以上に興奮したのかもしれない。

奈保子は浴槽の縁に両手をついた。腰を九十度に折って前屈みになり、尻を後方に突き出した格好だ。

4

「挿《い》れてもいいわよ」

奈保子は火照った顔で振り返ると、誘うように腰をくねらせた。

「か、課長っ……」

ついに許可がおりて、直樹は唸りながら女体に覆いかぶさった。

立ちバックなどしたことはないが、そんなことは関係ない。とにかく、一刻も早く挿入したくてたまらない。いきり勃ったペニスを闇雲に突き出すと、先端がたまたま膣口にクチュッとはまりこんだ。

「あああッ」

奈保子の艶《なま》めかしい声がバスルームに響きわたる。

直樹に愛撫を施しながら、奈保子も興奮していたらしい。膣はたっぷりの華蜜で濡れていた。

「おおおッ……おおおおッ」

勢いのまま股間をググッと押しつける。

ペニスが媚肉をかきわけて、瞬く間に根もとまで収まった。膣襞が歓迎するようにうねり、太幹を揉みくちゃにする。まだ挿入しただけだが、早くも強烈な快感が湧きあがっていた。

「あああッ、やっぱり大きいっ」

奈保子が喘ぎ声をあげて振り返る。そして、自ら身体を前後に揺すりはじめた。

「ねえ、動いて……」

先ほどまでさんざん直樹を焦らしていたのに、動くように要求する。

逆に焦らしてみたいが、直樹にそんな余裕はない。熱い媚肉に包まれたペニスがヒクついて、大量の我慢汁を吐き出していた。

(よし、こうなったら……)

徹底的に奈保子を感じさせたい。自分のペニスで思いきり喘がせたかった。

両手で奈保子のくびれた腰をつかむと、さっそく腰を振りはじめる。はじめての立ちバックなので、最初は慎重にペニスを出し入れした。

「あっ……あっ……」

奈保子の唇から切れぎれの喘ぎ声が溢れ出す。

直樹の腰の動きに合わせて、声が漏れてしまうらしい。奈保子が感じているとわかるから、自信を持って腰の動きを速めていく。

「課長とまたセックスできるなんて……くうううッ」

感動がこみあげるが、今日は簡単にイクつもりはない。なんとしても奈保子を感じさせたかった。

「吉沢くんの大きいから、なかが擦れて……あああッ」

奈保子の背中がビクッと反り返る。

腰を引くとき、たまたまカリが膣壁を強く擦りあげたのだった。膣もキュウッと収縮して、女体が敏感に反応した。

(そうか……こういうのが感じるんだな)

なんとなくわかった気がする。

直樹は腰の動きを徐々に大きくしていく。それと同時に、意識的にカリを膣壁に擦りつけた。

「あああッ、それ、すごいわ……」

奈保子の喘ぎ声が大きくなる。

やはりカリで擦られるのが感じるらしい。それならばとカリだけを意識して、腰を力強く振りまくる。

「くおおッ、これがいいんですか」

「そ、それよ、あああッ、い、いいっ」

奈保子の声がさらに大きくなり、背中がどんどん反っていく。

ピストンに合わせて、自然と華蜜がかき出される。いつしか結合部分はお漏らしをしたような状態になっていた。

「おおおッ、す、すごいっ」

感じているのは直樹も同じだ。

奈保子を感じさせようとして腰を振れば、当然ながらペニスに受ける快感も大きくなる。ふくれあがる射精欲をなんとか抑えこみ、奥歯を食いしばりながら腰を振りまくった。

「な、なかがゴリゴリって……はあああッ」

喘ぎ声がいっそう大きくなり、バスルームの壁に反響した。

「そんなに大声で喘いで大丈夫ですか」

ふと麻里佳が目を覚まさないか気になった。

そのとき、奈保子が身体をすっと前に動かして、結合を解いてしまう。そして、こちらを振り返ると、呆気に取られている直樹の背中を壁に押しつけた。

「今度はわたしの番よ」

奈保子はそう言うと、直樹の肩を上から押して床に座らせる。壁に寄りかかって胡座《あぐら》をかいた格好だ。

「か、課長？」

「たっぷりお返しししてあげる」

奈保子が直樹の股間にまたがり、膝を立てた状態で腰を落とす。そして、勃起したままのペニスを膣に受け入れた。

「ちょ、ちょっと、ううウッ」

「あああッ、いいっ」

再びつながったことで、またしても快感の波が押し寄せる。

わけがわからないまま対面座位に移行していた。あっという間に形勢が逆転して受け身になってしまう。

「やっぱり、わたしは上になるほうが好きみたい」

奈保子はそう言うなり、股間をクイクイとしゃくりはじめる。根もとまで埋まっているペニスが絞りあげられて、強烈な快感が湧きあがった。

「くううッ、ダ、ダメですっ」

「ふふっ、まだまだこれからよ」

奈保子がうれしそうに顔をのぞきこむ。対面座位だと顔の距離が近くなるため、なおさら羞恥心が煽《あお》られる。

しかも完全に受け身の体勢なので、快感を受け流すことができない。自分で動いているときは耐えられたのに、奈保子が股間をしゃくりあげるたびに呻き声が漏れてしまう。

「うううッ、そ、そんなに動いたら……くうううッ」

「声が出てるわよ」

奈保子はそう言いながらも腰の動きを緩めようとしない。女壺でペニスを絞りあげられて、快感はどんどん切迫していく。

「だ、だって、我慢できません……うううッ」

「麻里佳さんが起きたら困るでしょう。仕方ないわね」

奈保子は顔を寄せると、いきなり唇を重ねた。

柔らかい唇の感触にうっとりする。これが奈保子と交わすはじめての口づけだ。直樹は思わず両手を彼女の背中にまわして抱き寄せた。

「キス、好きなの？」

吐息まじりにささやくと、奈保子は舌を直樹の口内に挿し入れる。緊張でこわばっている舌をからめとり、唾液ごとジュルルッと吸いあげた。

「うむむッ」

「こうすると、声を出さなくて済むでしょう」

奈保子は妖艶《ようえん》な笑みを浮かべて、ディープキスを継続する。

舌を吸われるのが心地いい。粘膜をニュルニュルと擦り合わせるのも、たまらない快感だ。甘い唾液を流しこまれると、躊躇することなく嚥下する。そうすることでペニスに受ける快感が倍増した。

「うううッ」

これ以上は耐えられない。そう思ったとき、奈保子が腰の動きを加速させる。ディープキスをしながらのセックスだ。しかも、乳房が胸板に押しつけられているのも淫らな気分を煽り立てた。

(も、もうダメですっ、気持ちいいっ)

口をふさがれているので言葉にならない。

快感が全身にひろがり、わけがわからなくなる。直樹は女体を強く抱きしめて、口内に流しこまれる唾液を飲みながら、ついに絶頂の大波に呑みこまれた。

「うううウッ、うむうううううううウッ！」

ペニスが膣のなかで跳ねまわり、ザーメンが勢いよく噴出する。直樹の絶頂に合わせて、奈保子が股間を思いきりしゃくりあげた。膣で締めあげられると、ペニスが蕩けそうな愉悦がひろがった。

「はンンンンッ、い、いいっ、はあああああッ！」

奈保子は大量の精液をすべて女壺で受けとめると、唇を離して艶めかしい声を振りまいた。

女体に小刻みな痙攣が走っている。膣は収縮したままで、ペニスを食いしめて離さない。まるでオルガスムスの余韻に浸っているように、膣道全体で男根をしっかり絞りあげていた。

第三章　貞淑妻との淫らな夜

1

翌朝、味噌汁の匂いで目が覚めた。

昨夜は遅くまでバスルームでセックスをしたため、睡眠時間が減ってしまった。最高の体験だったが、さすがに眠い。それでも、味噌汁のいい香りのおかげで、なんとかベッドから這い出ることができた。

「おはようございます」

リビングに向かうと、キッチンに立っていた麻里佳が頭を深々とさげる。

服装は昨夜と同じ、焦げ茶のフレアスカートに白いブラウス、それに黄色のカーディガンだ。着の身着のまま飛び出してきたことを思うと、あらためて気の毒な気持ちが湧きあがった。

麻里佳はまだ頭をさげた状態でじっとしている。直樹が声をかけるまで、顔をあげないつもりだろうか。

「ど、どうも……おはようございます」

直樹は困惑しながら挨拶を返す。すると、麻里佳は上半身をゆっくり起こして、真剣な眼差しを向けてきた。

「直樹さん――」

「あの、さん付けはちょっと……俺は年下なんで」

あまり丁寧にされると肩が凝りそうだ。

麻里佳はまじめそうなので仕方ないのかもしれないが、できれば普通に接してもらいたかった。

「でも、お邪魔している身ですから」

「いやいや、本当にやめてください」

直樹が必死に断ると、麻里佳は少し考える顔をする。

「では、直樹くんではどうでしょうか」

「あっ、いいですね。それでお願いします」

下の名前で呼ばれるのは、別れた恋人以来だ。なんとなく、くすぐったい感じもするが悪くないだろう。

「直樹くん、昨夜のことでお話があります」

そう言われて、内心ぎくりとする。

まさかバスルームで奈保子とセックスしていたことがばれたのではないか。ふたりとも興奮していたので、声が聞こえてしまったのかもしれない。

「昨夜はありがとうございました。おかげで助かりました」

麻里佳が再び頭をさげる。

「見ず知らずのわたしにやさしくしていただいて、心から感謝いたします」

「い、いや、そんなおおげさですよ」

バスルームでのセックスがばれたわけではないらしい。内心ほっとして、思わず笑みが漏れた。

「俺はなにもしていません。課長が麻里佳さんのことを気にして……あれ、課長はもう出かけたんですか？」

「はい、先ほどお出かけになりました」

麻里佳が穏やかな声で答える。

奈保子は直樹と同居していることが会社でばれないように、いつも少し早く出社していた。

「俺もそろそろ準備をしないと」

「朝食を召しあがってください。簡単なものですけど」

麻里佳にうながされてローテーブルに向かうと、そこにはサンマの塩焼きと漬物、味噌汁と白いご飯が用意されていた。

「えっ、これ、麻里佳さんが作ったんですか？」

「作ったというほどではありません。お魚を焼いただけですから」

麻里佳はさらりと言うが、サンマのストックはなかったはずだ。少し離れたところに二十四時間開いているスーパーがあるので、そこまで買いに行ったのだろう。

「そういえば、お金はあったんですか？」

「奈保子さんにお借りしました。見ず知らずのわたしに……本当に感謝です」

麻里佳は恐縮して、奈保子がいるわけでもないのに頭をさげた。

（きっと課長は人を見る目があるんだな）

今さらながら奈保子の眼力に感心する。

昨夜の時点で、おそらく麻里佳が悪人ではないと見抜いていたのだろう。だからこそ、直樹に泊めるように言ってきたのだ。

「ありがとうございます。では、遠慮なくいただきます」

時間がないので、さっそく朝食をいただいた。

サンマの焼き加減が絶妙で、味噌汁の濃さもちょうどいい。あっという間にご飯を平らげた。

「ごちそうさまでした。おいしかったです」

「お粗末さまです」

麻里佳は丁寧に頭をさげる。あくまでも謙虚で、物静かな女性だった。

「ところで、昼間、行く場所はあるのですか？」

気になっていたことを尋ねる。

直樹が出かけたあと、麻里佳はどうするのだろうか。行く場所がなければ、夜まで時間をつぶすのは大変だ。

「喫茶店にでも行くつもりです」

「それなら、ここにいていいですよ」

奈保子が信用したのだから、きっと大丈夫だ。直樹も話してみて、麻里佳から悪意というものをいっさい感じなかった。

「いえ、それはいくらなんでも……」

「麻里佳さんなら信用できます。気にせずくつろいでください。あっ、そうだ。もし昼間に出かけるなら、鍵がないと困りますよね」

直樹は寝室から合鍵を持ってくると、麻里佳に手渡した。

「こんな大切なものを……」

「なくさないように気をつけてくださいね。じゃあ、俺は準備がありますので」

急いで顔を洗ってスーツに着替える。思いがけず朝食を摂ったことで、いつもより遅くなってしまった。

「では、行ってきます」

革靴を履いて振り返る。すると、そこには微笑を湛《たた》えた麻里佳が立っていた。

「いってらっしゃい。お気をつけて」

やさしく答えて、遠慮がちに手を振ってくれる。

まるで新妻に送り出される気分だ。直樹はスキップしたくなるのをこらえて、地下鉄の駅に向かった。

2

会社に到着すると、すぐに美緒が駆け寄ってきた。

「吉沢さん、遅いじゃないですか」

頬をふくらませるが、愛らしいことに変わりはない。直樹の顔をにらむが、まったく迫力がなかった。

「ごめんごめん、ちょっと寝坊しちゃって」

人妻ふたりと同居していることを悟られてはならない。ここは寝坊したことにしておくのが無難だろう。

そもそも朝の掃除は美緒の役目で、直樹はただ手伝っているだけだ。遅れたところで問題ないが、臍《へそ》を曲げると面倒なので謝ってしまった。

「課長の顔を見てください」

またなにかに気づいたらしい。美緒は直樹にだけ聞こえるように耳打ちして、課長席をチラリと見やった。

そこには奈保子が座っており、いつものようにパソコンに向かっている。

また化粧の乗りがいいとでも言うのだろうか。はじめて奈保子とセックスした翌朝、美緒は奈保子の変化に気づいたのだ。昨夜もセックスしているので、またなにかに気づいたとしてもおかしくない。

「いつもと変わらないと思うけど……」

直樹はとぼけてつぶやいた。

「目の下に隈《くま》ができています」

美緒がまたしても耳打ちする。

「そうかな……よくわからないよ」

とくに変わった感じはしない。奈保子はいつもどおり、美しい顔でモニターを見つめていた。

「よく見てくださいよ。ファンデーションでごまかしてるじゃないですか」

美緒は苛立った様子で、直樹の脇腹を突っついた。

「痛っ……見るよ。見ればいいんだろ」

仕方なく奈保子の顔を凝視する。そう言われて見ると、確かに目の下がうっすら黒い気もした。

「あれって隈なのかな……」

「隈です。間違いありません」

美緒は自信満々に断言する。

しかし、隈があるから、どうしたというのだろうか。美緒がそこまで気にする理由がわからなかった。

「たぶん寝不足ですね」

「そうなんだ……」

「でも、機嫌はいいんです。朝からニコニコ挨拶してくれたから」

「よかったね。俺も掃除を手伝う――」

直樹は話を切りあげて、モップを取りに行こうとする。ところが、美緒に腕をがっしりつかまれた。

「全然よくないです。なにかおかしいと思いませんか？」

「なにが？」

「わかりませんけど、最近の課長、なにかおかしいんですよね」

美緒は首をかしげながら奈保子を見つめた。

相変わらず勘が冴えている。これ以上、話しているとボロが出そうだ。直樹は美緒の手を振りほどいた。

「モップを取ってくるよ」

「あれ、吉沢さん」

急に美緒が直樹の顔をまじまじと見つめる。

「な、なんだよ」

なにかいやな予感がして、頰の筋肉がこわばった。

「隈ができてますよ」

「えっ……そ、そう？」

とっさにうまい言いわけが思いつかない。思わず口ごもると、美緒が角度をいろいろ変えて、直樹の顔を見つめた。

「気のせいかな？」

「俺は毎日たっぷり寝てるから、隈なんてないはずだけどな」

「じゃあ、気のせいですね」

なんとかやり過ごすことができてほっとする。しかし、美緒の女の勘は油断ならないとあらためて感じた。

3

（どうして、こうなったんだ？）

直樹はフローリングの床に胡座をかき、テレビをぼんやり眺めていた。

ソファには奈保子が腰かけており、スマホをいじっている。キッチンに視線を向ければ、麻里佳が夕飯の支度をしていた。

直樹も奈保子も帰宅してすぐにシャワーを浴びている。

夕飯ができるまでもう少し時間がかかるから、先にシャワーを浴びるように麻里佳に言われたのだ。直樹はグレーのスウェットの上下、奈保子は黒いワンピースに身を包んでいた。

（やっぱり、おかしい……）

冷静になって考えると普通ではない。

いや、冷静にならなくても普通ではない。

ひとり暮らしの自分の部屋に、なぜか人妻がふたりもいる。流されるまま受け入れてきたが、かなりおかしな状況になっていた。

昨夜、麻里佳が加わり、三人での共同生活がはじまった。

バリバリのキャリアウーマンである奈保子と、清楚な専業主婦の麻里佳。タイプの異なる人妻が、直樹の部屋に住んでいるのだ。

(なんか、落ち着かないな……)

会社から帰ってきたところだが、今ひとつリラックスできない。

なにか言われることはないが、上司がいると思うだけで、以前のようにゴロゴロしづらかった。

しかし、悪いことばかりではない。

麻里佳は専業主婦だけあって、家事が得意らしい。直樹と奈保子が出社している間に、掃除と洗濯をしてくれたのだ。

帰宅すると部屋のなかがピカピカになっていた。窓ガラスも磨かれており、風呂もトイレもきれいなのには感動した。たまっていた洗濯物も、すべて畳んでソファの上に置いてあった。

(麻里佳さんみたいな奥さんがいればなぁ……)

ふとそんなあり得ないことを考えてしまう。

これまでは掃除も洗濯も休日にまとめてやっていた。せっかくの休日なのに、半日は家事でつぶれてしまう。でも、麻里佳のような働き者の奥さんがいれば、休日をゆっくり過ごすことができるだろう。

（それに、課長も……）

ソファでスマホを見つめている奈保子をチラリと見やる。

奈保子との二度のセックスは、どちらも刺激的なものだった。会社では仕事のできる上司だが、意外とプライベートは奔放なようだ。奈保子の淫らな腰使いが忘れられなかった。

「なに見てるの？」

ふいに奈保子がつぶやいた。

視線は手もとのスマホに向いているが、直樹が見ていることに気づいたらしい。感情を押し殺したような平坦な声だった。

「な、なにをしてるのかなと思って……」

まさかセックスのことを考えていたとは言えない。とっさに思いついたことを口にした。

「夫から連絡がないかチェックしてたのよ」

奈保子はポツリとつぶやいた。

（あっ、しまった……）

大切なことを思い出してはっとする。

そもそも奈保子がここに転がりこんだのは、夫と喧嘩をしたためだ。そして、奈保子は夫から謝罪があるのを待っているのだ。セックスの印象が強すぎて、そのことをすっかり忘れていた。

「すみません……」

申しわけない気持ちになって謝罪する。ところが、奈保子はすぐに気を取り直して笑みを浮かべた。

「ここには何泊してもいいみたいだから、なんにも心配してないわ」

「ちょ、ちょっと待ってください。何泊するつもりなんですか？」

直樹は慌てて問いかける。この状況がまだつづくのだろうか。胸のうちで不安がふくれあがっていた。

「ずっといてもいいって言ったじゃない。あれはウソだったの？」

奈保子は言質《げんち》を取ったことで、勝ち誇っている。

確かに言ったが、あの時点ではこんなに長く居座ると思わなかった。いったい、いつまでいるつもりだろうか。すでに一週間以上も経っているのに、旦那からの謝罪はない。この様子だと、まだしばらくかかりそうな気がした。

「男に二言はないって、きっぱり言ったわよね」

「い、言いました」

覚えているので認めるしかない。奈保子を元気づけたい一心だったが、あれは騙されたようなものだった。

「いてもいいですよ……」

「ずいぶん不満そうじゃない」

奈保子が顎をツンとあげて脚を組む。そのときワンピースの裾がずりあがり、太腿が大胆に露出した。

（おっ……）

つい視線が吸い寄せられる。

すると奈保子は脚をおろして、ずりあがったワンピースをあっさり戻した。剝き出しになっていた太腿は、わずか数秒で見えなくなってしまった。

「ふふっ……また今度ね」

奈保子はそう言って、再び視線をスマホに戻した。

なにやら、手のひらで転がされている気がする。スケベ心を見抜かれており、うまいことコントロールされているのではないか。これまでのことを思い返しても、そんな気がしてならなかった。

（でも……）

二度もセックスできたのだ。たとえ手のひらで転がされているとしても、ラッキーだと思うべきだろう。

（まあ、いいか……）

深刻に考える必要はないのかもしれない。

いやでたまらなかった転勤生活が、奈保子のおかげで楽しくなったのは事実だ。人妻ふたりと共同生活を送れることなど、この先二度とないだろう。今はこの状況を楽しみたい。なにが起きるのか、ハラハラドキドキの毎日だ。

「お待たせしました。ご飯ができましたよ」

麻里佳の声が聞こえた。

キッチンに視線を向けると、トレーを手にした麻里佳がこちらにやってくるところだった。ローテーブルに料理の皿がどんどん並べられていく。

麻里佳は所持金が少なかったため、奈保子にお金を借りていた。昼間、着がえを購入したと言っていたが、そのとき食材も買ったのだろう。

「すごいじゃない」

奈保子が料理を見て、驚きの声をあげた。

ローストビーフにマッシュポテト、ミネストローネ、サーモンのマリネ、トマトとクリームチーズのサラダなどが並んでいる。彩りもすばらしく、見ているだけでも食欲が刺激された。

「うまそうですね」

直樹も思わずつぶやいた。

料理のことはわからないが、これだけのものを簡単に用意できるはずがない。ふだんから、しっかり作っている証拠だ。

「ほんの少しの期間だけ、料理学校に通っていたんです」

麻里佳が恥ずかしげにつぶやいた。

もともと、あまり料理は得意ではなかったらしい。しかし、結婚することが決まって、このままではいけないと奮起した。そして、料理学校に通って、基礎を習ったのだという。

（それなのに、旦那は浮気か……）

がんばっている麻里佳が不憫に思えた。

これほど素敵な女性と結婚しておきながら、浮気をする旦那の気が知れない。もし自分が麻里佳の夫なら、絶対に浮気などしないと誓える。

（俺が誓ったところで意味はないけど……）

心のなかでつぶやき、思わず自嘲的な笑みが漏れた。

とにかく、麻里佳の料理はじつにうまそうだ。食べる前から、期待がどんどん高まっていた。

「えらいのね。結婚前にきちんとお勉強するなんて」

奈保子が感心した様子でつぶやく。

少し遠い目をしたのは、自身の結婚生活を重ねて考えたからではないか。だが、奈保子は会社員で麻里佳は専業主婦だ。一概に比べることはできない。実際、奈保子が作ってくれたトンカツも感動的にうまかった。

(課長、気にしないでください)

心のなかで語りかける。

しかし、結婚したことのない自分が言ったところで説得力はない。それがわかっているから声に出すことはできなかった。

「見た目だけで、味はそうでもないんですよ」

麻里佳が恥ずかしげにつぶやいた。

これだけの料理を作っておきながら謙遜すれば、普通なら嫌みになりかねない。だが、麻里佳は物静かで清楚で、なおかつ謙虚な女性だ。いつも自信なさげで、言葉に裏があるとは思えなかった。

「冷めないうちに召しあがってください」

麻里佳に勧められて、三人でローテーブルを囲んだ。

座る場所は奈保子と麻里佳がソファで、直樹はローテーブルの向かいだ。麻里佳は床でいいですと言ったが、直樹が強引にソファを勧めた。

女性を床に座らせて、自分がソファでふんぞり返るのは違う気がする。それに奈保子と距離が近すぎるのもドキドキしてしまう。直樹が床に座れば、すべてがまるく収まると思った。

「では、いただきましょう」

「いただきます」

さっそくローストビーフを口に運ぶ。噛んだ瞬間、思わず笑みがこぼれた。肉が柔らかくてジューシーで、旨みが口いっぱいにひろがる。手作りソースとの相性も抜群だ。つけ合わせのマッシュポテトもほくほくしてうまい。ミネストローネも最高で、お店で出てきてもおかしくないレベルだ。

「すごくおいしいわ」

奈保子が感嘆の声を漏らす。

「うん、うまいです」

直樹も思わず唸った。

奈保子の料理もなかなかのものだったが、麻里佳の料理はさらにうまい。料理学校で習っただけのことはある。さすがの腕前だった。

「ありがとうございます……」

麻里佳はうれしそうに微笑むが、すぐに視線を落としてうつむいた。

そのことに奈保子が気づいて、すっと寄り添う。背中に手をまわして撫でると、麻里佳はこらえきれない感じで涙をこぼした。

夫のことを思い出したのだろう。本当はこの料理を夫に食べてもらいたいと思っているのだ。麻里佳は肩を小刻みに震わせて泣いていた。

「心配しなくても大丈夫よ」

奈保子がやさしく声をかける。

「麻里佳さんは、こんなにおいしい料理が作れるようにがんばったんだもの。旦那さんもわかっているはずよ。きっと反省して帰ってくるわ」

心を癒《いや》すような穏やかな声だ。

会社でのテキパキとした姿しか知らない同僚たちが見たら、驚くに違いない。声だけ聞いたら、奈保子とは気づかないかもしれない。それほどまでに仕事中とは雰囲気が違っていた。

（心のやさしい人なんだな……）

奈保子がいて本当によかったと思う。直樹ひとりでは、どんな言葉をかければいいのかわからなかった。

「もし旦那さんが反省しないようだったら、しばらくここにいればいいのよ」

「えっ……」

直樹は思わず声をあげる。

また勝手なことを言い出したと思ったが、奈保子はこちらに顔を向けて「だまりなさい」と目配せした。

「吉沢くんが、ずっといてもいいって言ってくれてるから」

確かに言ったが、それは奈保子に向けた言葉だ。

しかし、この状況では断れない。仕方なく黙っていると、麻里佳が涙で濡れた瞳をこちらに向けた。

「直樹くん……本当にいいんですか？」

縋《すが》るような目で見つめられて困ってしまう。麻里佳の隣では、奈保子が「わかってるわよね」とでも言いたげな目を向けていた。

「も、もちろんです。好きなだけいてもらって構いませんよ。部屋はあまっていますから……」

そう答えるしかなかった。

本当にずっといるとは思えないが、奈保子の前例もある。すでに八日目だというのに、まだ出ていく気配はなかった。

「あ、ありがとうございます……うぅぅっ」

麻里佳はまた泣いてしまう。

浮気をした旦那が悪いのは明白だ。こんなに悲しんでいる麻里佳を、突き放すことなどできるはずがなかった。

4

三人の共同生活がはじまって三日が経っていた。

直樹は仕事を終えて帰路についている。先ほど地下鉄を降りて、マンションに向かってのんびり歩いているところだ。

以前はスーパーやコンビニに寄って帰ることがよくあった。しかし、今はまっすぐ帰宅するのが当たり前になっている。食材の購入は麻里佳におまかせだ。自分で食事を作る必要がないため、だいぶ気が楽だった。

とはいえ、女性陣がシャワーを浴びるときやトイレを使うときなど、気を使うことはたくさんある。

先日、たまには家事を手伝わなければと思って、干してあった洗濯物を取りこんで畳んでいた。ところがブラジャーやパンティがあり、思わずまじまじと見つめてしまった。そこに運悪く奈保子がやってきた。

「ちょっと、なにしてるの！」

あのときの奈保子は怖かった。

こっぴどく叱られたのは言うまでもない。だが、そんな経験ができるのも、共同生活をしているからだ。

以来、洗濯物には触れないようにしている。掃除や食事の支度は、麻里佳が完璧にやってくれるので手伝うことはない。たまに手を貸そうとしても、邪魔をするだけになってしまう。まかせておくのがいちばんだと学習した。

今夜、奈保子は出張で帰ってこない。函館に新しい支店ができたので、一泊で応援に行っているのだ。

奈保子がいないと思うと、少し気が楽だ。

すっかりなれたつもりでいたが、やはり自宅に上司がいることで緊張していたのだろう。今日は久しぶりにソファでゴロゴロしてテレビを眺めることができる。そう思うと自然と足取りが軽くなった。

（でも、麻里佳さんとふたりきりか……）

ふと脳裏に麻里佳の顔を思い浮かべる。

清楚で謙虚なのはいいが、口数が少なくて会話が長つづきしない。麻里佳とふたりきりだと、間が持たなくなるのではと不安になった。

それでも麻里佳は少しずつ元気になっている。多くは語らないが、微笑を浮かべることも多くなっていた。

(そういえば……)

最近キッチンに入っていない。

コーヒーは麻里佳が入れてくれるし、水さえも用意してくれる。自分の部屋だというのに、キッチンは完全に麻里佳の場所になっていた。

だが、麻里佳は深い悲しみを抱えている。

家事に没頭するのは、おそらく悲しみをごまかすためだろう。最初のころのように涙を流すことはなくなったが、本当の意味で元気になったわけではない。夫からなにも連絡がないことを気にしているに違いなかった。

自宅の玄関ドアを開けると、スパイスのいい香りが漂っていた。

麻里佳が晩ご飯を作っているに違いない。今夜はなにを食べられるのだろうか。香りだけで期待が一気に高まった。

「ただいまっ」

思わず声が大きくなる。すると、すぐに足音が近づいてきた。

「お帰りなさい」

麻里佳が笑顔で迎えてくれる。

今夜は薄ピンクのワンピースの上に、胸当てのある赤いエプロンという格好だ。いかにも人妻という感じで、思いがけずドキッとした。

「お仕事、お疲れさまです」

麻里佳が通勤バッグを受け取ってくれる。そんな気遣いが、直樹をますます高揚させた。

誰かが待っていてくれるというのは、じつにいいものだ。

この雰囲気を知ってしまうと、相手もいないのに結婚願望が湧きあがる。これまでは暗い部屋に帰り、ご飯を炊いてひとりで食べていた。以前はそれが当たり前だったが、思い返すと虚《むな》しく感じてしまう。

(もう、あの生活には戻れないな……)

そんなことを考えながら、革靴を脱いで部屋にあがった。

「いい匂いですね」

「今夜はカレーライスです」

麻里佳がめずらしく弾むような声で答える。

もしかしたら、得意料理なのだろうか。とにかく、スパイスのいい香りで食欲が刺激されていた。

「お風呂にしますか、それともお食事が先ですか」

麻里佳がやさしく問いかける。

この匂いのせいで、もはや食欲を抑えられなくなっている。考えるまでもなく、答えは決まっていた。

「食事でお願いします」

直樹が即答すると、麻里佳はうれしそうに目を細めた。

「すぐに準備しますね」

小走りにキッチンへと戻っていく。そんな麻里佳のうしろ姿を、直樹は思わず見つめていた。

三つ年上だが、かわいらしく感じてしまう。

麻里佳なら、ずっとここに住んでもらってもかまわない。だが、麻里佳は夫のことを想いつづけている。口にこそ出さないが、もとの生活に戻りたいと願っているのは伝わっていた。

(浮気するような男のどこがいいのかな……)

心のなかでつぶやくが、すぐに思い直す。

結婚したことのない直樹にはわからないことだ。奈保子も怒って家出をしたにもかかわらず、夫からの連絡をずっと待っている。きっと夫婦には、ふたりにしかわからないことがあるのだろう。

手を洗ってスウェットの上下に着替えるとリビングに向かう。

麻里佳はキッチンに立っている。直樹はいつもどおり、ソファの向かいのフローリングの床に腰をおろして胡座をかいた。

「直樹くん、今日はソファに座ってください」

麻里佳がキッチンから声をかける。

そう言われても、直樹はすぐには動けない。ソファはふたりがけなので、麻里佳との距離が近くなってしまう。家出しているとはいえ人妻だ。なるべく距離を取るべきではないかと思っていた。

「ソファのほうが楽ですよ」

麻里佳はまったく気にしていない。

ふたりがけのソファに、ひとりで座ることのほうが気になるのだろう。そうなると自分のほうがヘンに意識しているような気分になる。

(俺が気にしすぎなのか……)

そう思ってソファへと移動した。

やがて麻里佳がトレーを手にしてやってくる。目の前に置かれたのは、挽肉をたっぷり使ったキーマカレーだ。

「うまそうですね」

「お口に合えばいいのですけど」

麻里佳は小声でつぶやくと、エプロンをはずして隣に腰かける。ソファが微かに沈み、すぐ近くにいることを意識した。

「いただきます」

麻里佳を見ると緊張するので、前だけを向いて食べはじめる。スプーンですくってひと口食べると、スパイスの香りが一気に弾《はじ》けた。

「うまいっ、すごくうまいですっ」

あまりのうまさに感動して、思わず麻里佳の顔を見やる。すると、なぜか麻里佳は目を大きく見開いていた。

「あれ、どうしたんですか？」

なにかおかしなことを言っただろうか。自分の発言を振り返るが、とくに思い当たる節はなかった。

「ごめんなさい……そんなにおいしいですか？」

麻里佳がようやく口を開いた。

どうやら、直樹が大きな声をあげたので驚いたらしい。だが、きっと直樹だけが特別なわけではない。これほどうまいものを食べれば、奈保子の声も大きくなっていただろう。

「驚かせてすみません。あんまりおいしいから、びっくりしちゃったんです。今まで食べたカレーのなかで、いちばんうまいです」

「それは言いすぎですよ」

麻里佳はそう言いつつ、うれしそうに微笑んでいる。少なくとも、気を悪くした様子はなかった。

「本当にうまいです」

直樹は自分の言葉を証明するように、カレーをどんどん口に運んだ。

「わたし、カレーが大好きなんです。市販のルーは使わずに手作りしています」

「そうなんですか。だから、うまいんですね」

「スパイスがそろわなかったので、ちょっと物足りないですけど」

麻里佳は残念そうにつぶやいた。

これだけうまいのに完璧ではないという。スパイスがそろったら、どれだけうまくなってしまうのだろうか。麻里佳の料理はすべておいしいが、とくにこのキーマカレーは絶品だった。

「ごちそうさまでした」

満足してスプーンを置いた。

「本当に料理が上手なんですね」

「ありがとうございます。でも……」

麻里佳はなにかを言いかけて口ごもった。

「どうしたんですか？」

気になって語りかける。

そのとき、彼女の皿が目に入った。カレーにはまったく手をつけていない。食欲がないのだろうか。

「いちばん褒めてほしい人は、なにも言ってくれないんです」

麻里佳の声が小さくなっていく。

彼女の言う「いちばん褒めてほしい人」というのは、旦那のことではないか。これだけおいしい料理を妻が作っても褒めないとは、よほどの味音痴か、よほどのひねくれ者に違いない。だが、旦那のことを批判されるのはおもしろくないだろう。

「きっと、旦那さんは無口な方なんですね」

「結婚前はよくしゃべる人だったんです。でも、最近は必要最低限のことしか話してくれなくて……」

麻里佳の表情がどんどん暗くなっていく。

このままだと負のスパイラルに入りこみそうだ。なんとか元気づけたいが、どんな言葉をかければいいのかわからない。

「仕事のストレスとか……お疲れなんじゃないですか」

「会社では饒舌《じょうぜつ》みたいなんです。知り合いがいるから、夫の会社での様子を教えてくれるんです」

「そうなんですか……」

額に汗がじんわり滲んだ。

泣かれたりしたら困ってしまう。麻里佳はここに来たばかりのころ、よく泣いていた。いつも奈保子が慰めてくれたが、今夜は出張中だ。直樹がなんとかしなければならなかった。

(課長、助けてください)

脳裏に奈保子の顔を思い浮かべる。

しかし、懸命の願いも虚しく、隣に座っている麻里佳が嗚咽《おえつ》を漏らしはじめた。両手で顔を覆うと、肩を小刻みに震わせる。

「きっと、わたしに飽きてしまったんです」

「そ、そんなことはないと思いますけど……」

実際のところ、旦那の心情はわからない。だが、この場はそう言って慰めるしかなかった。

「わたしに魅力がないから……うっぅぅっ」

「そんなことはないですよ」

直樹は即座に否定した。

今の麻里佳は悲しみに暮れて自虐的になっている。これ以上、自分を責めるのはよくない気がした。

「麻里佳さんは家事が得意じゃないですか。しかも料理はめちゃくちゃおいしいです。家庭的な女性って、男からしたらすごく魅力的ですよ」

懸命に麻里佳を褒めまくる。嘘はいっさい言っていないので、言葉にも自然と力が入った。

「それなのに、どうしてあの人は、ほかの女の人と浮気をしているのですか」

麻里佳が消え入りそうな声で質問する。

確かに、それを言われると即座に答えることができない。正直なところ、どうして旦那が浮気をしているのか理解できなかった。

「それは……旦那さんは甘えてるんですよ」

苦しまぎれの思いつきだったが、まんざら的外れではない気がした。

「麻里佳さんがやさしいから、甘えてるんじゃないですか」

「そうでしょうか……」

麻里佳は顔を覆っていた両手を離すと、濡れた瞳を直樹に向ける。とりあえず、涙はとまっていた。

「きっとそうだと思います」

なんの根拠もないが、そんな気がしてならない。

旦那は浮気をしているのに、離婚するつもりはないようだ。つまり浮気は単なる遊びで、本気ではないということだ。

「男の人は甘やかすと浮気をするものなのですか？」

「えっ、い、いや、それは……人それぞれというか……」

急に自信がなくなり、しどろもどろになってしまう。結局のところ思いつきなので、追及されると答えられなかった。

「でも、これだけは間違いないです。麻里佳さんはとっても魅力的です。誰がなんと言おうと絶対です」

それだけは自信を持って言える。

自分が旦那だったら、絶対に麻里佳を悲しませたりはしない。浮気をするなど考えられなかった。

「直樹くん……」

勢いに気圧されたのか、麻里佳が一瞬言葉につまる。そして、ソファに座り直して、身体全体をこちらに向けた。

「それなら、抱いてください」

ささやくような声だが、はっきり聞こえた。

「そ、それって……」

いったい、どういう意味だろうか。

いや、大人の女性が抱いてくださいと言えば、意味はひとつしかない。しかし、麻里佳がそんな言葉を口にするとは思えない。夫に浮気をされても、いまだに想いつづけているのだ。

(俺の聞き間違いか?)

そう思って麻里佳の瞳を見つめ返す。

すると、麻里佳はワンピースの背中のファスナーをおろしはじめた。そのままゆっくりずりさげて、白くてなめらかな肩が露出する。ほっそりした鎖骨につづいて、乳房の谷間までチラリと見えた。

「ちょ、ちょっと、なにしてるんですか?」

呆気に取られていたが、白いブラジャーの縁が目に入って我に返った。慌てて声をかけると、麻里佳は手をとめた。

「抱いてくれないんですか」

「だ、だって、麻里佳さんは……」

「やっぱり魅力がないんですね」

瞳に見るみる涙がたまっていく。今のうちになんとかしなければ、また泣き出すのは間違いなかった。

「魅力はあります。すごく魅力的です」

「それなら抱いてください」

懇願するような瞳を向けられると弱い。しかし、麻里佳は人妻だ。頼まれても抱くわけにはいかなかった。

「恋人がいらっしゃるのですか」

「い、いません」

いると言えばよかったのかもしれない。しかし、嘘は苦手で、つい本当のことを口走ってしまった。

「それならいいじゃないですか」

麻里佳はまったく引く気配がない。とにかく強引で、なんとしてもセックスするつもりらしい。

「麻里佳さんには、旦那さんがいるじゃないですか」

「でも、あの人は浮気をしているんです」

ひどく悲しげな声になっている。

突き放すのはかわいそうだ。だからといって、ここで抱いてしまえば、よけいに彼女を苦しめる気がした。

「わたし、淋しくて……それに、夫を見返したい気持ちもあるんです」

意外な言葉だった。

旦那に浮気をされて淋しいのはわかる。しかし、意趣返しを考えていたとは、思いもしなかった。別れる気はなくても、心のどこかに許せない気持ちを抱えていたのだろう。

「直樹くん、お願いです」

麻里佳は直樹の手を握って懇願する。

「こんなこと、ほかに頼める人がいないんです」

真剣な瞳を向けられて、断れなくなってしまう。だからといって即答もできず、直樹は言葉を失っていた。

「お願いします……抱いてください」

麻里佳が手を強く握ってくり返す。やさしげな顔を赤く染めて、下唇をキュッと噛みしめていた。

5

直樹がとまどっていると、麻里佳に手を引かれて洋室に連れこまれた。

麻里佳と奈保子がふたりで使っている部屋だ。奈保子が転がりこんでからは一度もなかを見ていなかった。

もともと空き部屋でなにも置いてなかったが、いつの間に購入したのか今はカラーボックスがふたつあり、カーテンもしっかりかかっている。布団は見当たらないので毎朝、きちんとしまっているのだろう。

「少しだけ待ってください」

麻里佳はクローゼットから布団を取り出して敷いていく。

本気で直樹とセックスするつもりらしい。これから夫以外の男に抱かれるのだ。不貞を働くために布団を敷くのは、いったいどんな気分だろうか。

「直樹くん、よろしくお願いします」

布団を敷き終わると、麻里佳はフローリングの床に正座をして頭をさげた。

まるで新婚初夜の新妻だ。いや、今どきこんな新妻がいるとは思えない。そもそも直樹は夫ではないのだ。なんとも奇妙な光景だが、頭をさげている麻里佳は真剣そのものだ。

ワンピースの背中のファスナーをさげたままなので、首から肩にかけてのなよやかな曲線が露になっている。頭をさげて前屈みになったことで、乳房の谷間もチラリと見えていた。

「ご迷惑かと思いますが、どうか……」

麻里佳の声には悲壮感が滲んでいる。

女性にここまでされたら、断るのは失礼だと思う。それに直樹の欲望も高まっている。清楚で美しい人妻が抱いてほしいと懇願しているのだ。この状況で興奮しないはずがなかった。

「迷惑なはずがありません」

直樹も彼女の前で正座をすると真摯な態度で語りかけた。

「本当に俺でいいんですか」

「直樹くんしかいません。お願いします」

麻里佳はまっすぐ目を見て懇願する。

腹をくってうなずいた。奈保子のときとは、まったく心持ちが違う。麻里佳の真剣な表情を見ていると、心が自然と引きしまった。

とはいえ、ペニスはしっかり勃起している。スウェットパンツの股間が、あからさまにテントを張っていた。

（あれ、どうするつもりなんだ？）

ふと疑問が湧きあがる。

麻里佳は硬い表情で正座をしたまま動かない。彼女のほうから迫ってくれば、それに合わせればいいと思っていた。ところが、麻里佳はいっこうに動かない。もしかしたら、受け身のセックスしか経験がないのかもしれない。

（そうか……そうだよな）

なんとなく納得する。

どう見ても麻里佳は積極的なタイプではない。ふだんの言動はおとなしくて、決して出しゃばったことはしなかった。

（俺から行くしかないか……）

直樹は意を決して、スウェットの上着を脱いだ。さらに体育座りの体勢で、スウェットパンツとボクサーブリーフをおろして裸になった。

「えっ……」

麻里佳が小さな声を漏らして、両手を口もとに当てる。視線は直樹の股間に向いていた。

「どうして、そんなに大きいのですか」

「す、すみません、興奮してしまって……」

勃起していることを咎められたのだと思って謝罪する。ところが、麻里佳は首をゆるゆると左右に振った。

「夫よりずっと大きいから驚いてしまいました」

「えっ、そうなんですか？」

思わず口もとに笑みが浮かんでしまう。

こんなことで麻里佳がお世辞を言うとは思えない。慌てて表情を引きしめるが、ペニスが夫より大きいと言われて、内心勝ち誇っていた。

「人によって、こんなに違うのですね」

麻里佳の言葉に嘘は感じられない。

どうやら、夫以外のペニスを見るのは、これがはじめてらしい。つまり経験人数はひとりということだろうか。

「もしかして、旦那さんしか知らないんですか？」

「はい……」

麻里佳は頰をぽっと赤らめた。

（これは責任重大だぞ……）

気合が入ると同時に興奮もふくれあがる。

旦那がどんなセックスをしていたのか知らないが、ペニスの大きさで勝っているのは間違いない。どうせなら、旦那よりも感じさせたかった。

「麻里佳さんも……」

直樹がにじり寄ると、麻里佳は身体をこわばらせた。

「は、はい……」

震える声で返事をする。

しかし、肩をすくめて硬直していた。拒絶しているわけではないが、どうしても緊張してしまうのだろう。そんな彼女の心情が伝わってくるから、強引なことはできない。しかし、このままでは埒が明かなかった。

直樹は裸で正座をして、股間からペニスをそそり勃《た》たせている。冷静に考えると滑稽な格好だが、そんなことを気にしている余裕はない。両手を伸ばすと、彼女の両肩にそっと置いた。

麻里佳は不安げな顔をして黙っている。

肩に置いた手を滑らせて、ワンピースをゆっくり剝きおろしていく。白いブラジャーに包まれた乳房が見えると、麻里佳は両腕をクロスさせて覆い隠した。

「は、恥ずかしいです。明かりを消してください」

「消したら、なにも見えませんよ」

豆球にするという手段もあるが、あえて提案しない。明るいままで女体をすみずみまで観察したかった。

「でも……」

「大丈夫です。俺も裸ですから」

強引に押しきって、ワンピースをさらに引きさげる。麻里佳は覚悟したのか、正座の姿勢から立ちあがった。

ワンピースを下までおろしてつま先から抜き取れば、麻里佳が身につけているのは白いブラジャーとパンティだけになる。まだ裸になったわけでもないのに、胸と股間を手のひらで覆って恥じらっていた。

「あ、あんまり見ないでください……」

「すごくきれいですよ」

直樹は安心させるように声をかけながら立ちあがる。彼女の背後にまわり、ブラジャーのホックをプツリッとはずした。

「あっ……」

麻里佳の唇から小さな声が漏れる。

ブラジャーの支えがなくなり、急に不安になったようだ。カップを両手で押さえるが、直樹は多少強引にブラジャーを抜き取った。

「ああっ」

麻里佳は顔をまっ赤に染めて、両手で乳房をしっかり隠している。そうやって恥じらう姿が、なおさら牡の欲望を駆り立てた。

（あ、慌てるな……）

心のなかで自分自身に言い聞かせる。

おそらく、麻里佳は経験が豊富ではない。なにせ夫しか知らないのだ。はじめて夫以外の男と交わるのだから、緊張したり恥ずかしがったりするのは当然のことだろう。早く乳房を見たい気持ちはあるが、ここは我慢だ。それより先に最後の一枚を脱がしたほうがいい。そうすれば、麻里佳も腹が決まるのではないか。そう思って、彼女の正面に立つと、両手をくびれた腰の両脇にあてがった。

手のひらを下に滑らせながら、指先をパンティのウエスト部分に引っかける。そのまま女体を撫でつつ、パンティをおろしていく。やがて恥丘が見えてくると、黒々とした陰毛が溢れ出した。

（こんなに濃いんだ……）

思わず腹のなかで唸るほど密生している。

形を整えたりはせず、自然にまかせているらしい。清楚な雰囲気からは想像がつかない濃厚な陰毛だ。ギャップがあるため、なおさら淫らに感じる。直樹は呼吸を荒くしながら、パンティを下までおろして抜き取った。

「これで同じ格好ですよ」

直樹は立ちあがると、できるだけ穏やかな声で語りかける。そして、乳房を隠している彼女の手首をそっとつかんだ。

「すごく恥ずかしいんです……」

麻里佳が眉を八の字に歪めて訴える。

いまさら怖《お》じ気《け》づいたのだろうか。しかし、恥じらっているだけで、途中でやめたいわけではないらしい。

「見せてくれないと、先に進めませんよ」

直樹が少し力を入れると、あきらめたように両手から力を抜いた。

ゆっくり引き剝がせば、ついに隠されていた乳房が露になった。重たげに下膨れした釣鐘形の乳房だ。たっぷりとしており、魅惑的な曲線を描いている。ふくらみの頂点には、濃い紅色の乳首が乗っていた。

「きれいなおっぱいですね」

「ウ、ウソです……わたしなんて……」

麻里佳は今にも泣き出しそうなほど瞳を潤ませている。

恥ずかしくて、じっとしていられないらしい。腰を左右にくねらせると、大きな乳房がタプタプ揺れた。

「ウソじゃないですよ。肌もスベスベで、すごく素敵です。旦那さんは褒めてくれないんですか？」

「なにも言ってくれません……」

麻里佳は淋しげにつぶやいた。

これほどの女体を見て褒めないとは、どういう神経をしているのだろうか。自然と称賛する言葉が出て当然だと思う。きっと旦那がなにも言ってくれないから、麻里佳は自信を持てないのだろう。

（それなら、俺がたくさん褒めてあげないと……）

直樹はそう思いながら、女体をやさしく抱きしめた。

「あっ……な、直樹くん」

麻里佳がとまどいの声を漏らす。

それでも構うことなく背中に手をまわした。そして、指先で背すじをスーッと撫であげた。

「はンンっ」

甘い声が漏れて、身体がビクッと反応する。

感度はかなりいいようだ。旦那が開発したのか、もともと敏感なのか。いずれにしても、たっぷり感じさせてあげたい。そして、身も心も癒やしてあげたい。たとえ一時だとしても、悲しみから解放してあげたかった。

今度は首すじに口づけしてみる。

「ああンっ」

やはり麻里佳は身体を震わせて甘い声を漏らした。

「横になりましょうか」

耳もとでささやけば、麻里佳は恥ずかしげにこっくりうなずいた。

6

麻里佳は布団の上で仰向けになっている。

直樹は添い寝の体勢で、女体に愛撫を施しているところだ。指先で脇腹をそっとなぞったり、乳房の裾を撫でたり、臍の周囲をくすぐったりする。そのたびに麻里佳は声を漏らして腰をよじった。

「あっ、ダ、ダメです……ああっ」

「どこを触っても感じるんですね」

「だ、だって、こんなに丁寧にされるの、はじめてなんです」

麻里佳が潤んだ瞳で答える。

旦那は前戯が下手なのだろうか。あるいは、ただ単に手を抜いていたのかもしれない。いずれにせよ、麻里佳は丁寧にされた記憶がないようだ。愛撫が不足していたのは間違いないだろう。

「でも、まだはじまったばっかりですよ」

直樹は乳房をゆったり揉みあげながら語りかける。

柔肉に指が沈みこむ感触が心地いい。蕩《とろ》けそうな柔らかさにうっとりしながら、時間をかけてこねまわした。

「は、恥ずかしいです……ああンっ」

麻里佳は顔をまっ赤にしながらも喘いでいる。

こうして乳房をゆっくり揉まれるのも、はじめてなのかもしれない。羞恥にまみれているが、瞳はねっとりと潤んでいた。

「感じてるんですね」

「そ、そんなこと――ああッ」

指先を滑らせて乳首を摘まむと、麻里佳の声が一気に艶《つや》を帯びた。

乳首はとくに敏感らしい。人さし指と親指でクニクニ転がせば、瞬く間に充血して硬くなった。

「そ、そこは、ダメです」

「そこって、どこですか？」

乳首を摘まんだまま、わざと尋ねてみる。すると、麻里佳は前歯で下唇を小さく噛んだ。

「言えないんですか。ここですよ」

指先に少し力を入れて、乳首に刺激を送りこむ。とたんに女体がピクッと小さく跳ねあがった。

「あぁッ……ち、乳首です」

「乳首がどうしたんですか？」

グミのように硬くなった乳首をやさしく転がしつづける。かと思えば、不意を突いてキュッと摘まみあげた。

「はンンッ、ち、乳首、弱いから許してください」

麻里佳が喘ぎながら許しを乞う。

だからといって、感じるとわかっている場所を避けるはずがない。直樹はすかさず顔を寄せると、乳首にむしゃぶりついた。

「はあああッ」

麻里佳の喘ぎ声が大きくなる。

だが、すぐに下唇を嚙んで声をこらえた。快感よりも羞恥のほうが勝っているらしい。体裁を気にする余裕があるなら、まだまだ愛撫が足りないということだ。直樹は乳首に舌を這わせて、唾液をたっぷり塗りつける。さらには音を立てながらチュウチュウと吸いあげた。

「あンンッ、そ、そんなに吸わないでください」

麻里佳が腰をくねくねとよじらせる。

こらえきれなくなってきたのか、徐々に反応が大きくなっていた。乳首は口のなかで硬くなっている。乳輪まで充血して、ドーム状に盛りあがっていた。

(もっとだ……もっと感じさせたい)

双つの乳首を交互にしゃぶり、乳首を思いきり勃起させる。そして、感度が最高潮に高まったところを、今度は前歯で甘嚙みした。

「ひンンッ」

麻里佳の身体が仰け反り、金属的な喘ぎ声が噴きあがる。

やさしい愛撫から一転しての鋭い刺激だ。不意を突かれたことで、なおさら反応が大きくなっていた。

「か、嚙まないでください」

麻里佳が涙まじりに懇願する。しかし、乳首は硬さを増しており、さらなる愛撫をねだっているようだ。

「でも、こういうのも感じるでしょ？」

左右の乳首に前歯を軽く当てながら語りかける。

女体が怯えたようにヒクヒク反応するのが、牡の欲望を駆り立てた。嗜虐《しぎゃく》的な興奮が盛りあがり、もっと嬲《なぶ》って感じさせたくなってしまう。

「噛まれるのと舐められるの、どっちが好きですか？」

「わ、わかりません……」

眉を情けなく歪めて、首を左右に振りたくる。いずれにせよ、はじめてのじっくりした愛撫で、麻里佳が感じているのは間違いない。それがわかるから、直樹は愛撫を加速させていく。

「じゃあ、わかるまでやってあげますよ」

甘噛みしてジンジンしているはずの乳首を、今度はやさしく吸いあげる。すると、麻里佳の唇から甘ったるい喘ぎ声が溢れ出した。

「はあンッ」

「舐めるほうが気持ちいいですか？」

「は、はい……な、舐められるほうが……あああッ」

認めることで感度がアップしたらしい。麻里佳はブリッジするように身体を仰け反らせて喘ぎはじめた。

女体が火照《ほて》っているのがわかる。首から鎖骨にかけてが、ほんのり桜色に染まっていた。愛撫を受けて体温が上昇しているらしい。しかも、内腿をもじもじ擦り合わせているのだ。

（もしかしたら……）

期待と興奮がふくれあがる。

こうなったら、確認せずにはいられない。直樹は彼女の下半身に移動すると、ぴったり閉じている膝を両手でつかんだ。

「ま、待ってくださいっ」

麻里佳がはっとした様子で訴える。

慌てているということは、大切な場所がどうなっているのか自覚がある証拠だ。両膝に力をこめて、懸命に閉じようとする。そうやって抵抗されると、ますます見たくなってしまう。

「もったいぶらなくてもいいじゃないですか」

膝にかけた手に力を入れる。だが、まだ本気ではない。わざと抵抗させることで羞恥心を煽り立てる作戦だ。

「見せてくれないと、最後までできませんよ」

「せ、せめて明かりを……お、お願いします」

よほど恥ずかしいのか抵抗をやめようとしない。麻里佳は両手でシーツを握りしめて、膝をなんとか閉じようとする。

だが、直樹は両手に力をこめると、膝をじりじりと開いていく。本気を出せば一気に開けるが、わざと時間をかけて辱める。そして、ついにはM字開脚の形で押さえこんだ。

「ああっ、そ、そんな……」

麻里佳の悲痛な声が響きわたる。

涙を浮かべるほど羞恥にまみれているが、剝き出しになった鮮やかな紅色の陰唇は、大量の華蜜でぐっしょり濡れていた。

「やっぱり感じていたんですね。すごく濡れてますよ」

直樹は膝立ちの状態で、彼女の脚を押さえつけている。

人妻の淫らな姿を目の当たりにして、ペニスはさらにそそり勃ち、先端から涎《よだれ》をダラダラと垂らしていた。

「自分でもわかっていたんですね。だから、隠そうとしていたんでしょう」

「い、言わないでください……」

麻里佳の声はかわいそうなほど震えている。

夫以外の男に女性器を見られているのだ。剝き出しの股間を凝視されるのは、どれほどの羞恥だろうか。それでも直樹の視線を浴びたことで、割れ目から透明な汁が次から次へと溢れていた。

「見られるだけでも感じるんですか？」

「そ、そんなことは……」

「でも、いやらしい汁がどんどん溢れてますよ」

辱めの言葉を浴びせるたび、腰のくねりが大きくなる。

どうやら、麻里佳はマゾっ気が強いらしい。こうして嬲られることで感じる性癖なのだろう。

「こういうのはどうですか？」

白い内腿に唇を押し当てる。その瞬間、女体がピクッと反応した。

「あンっ……ま、待ってください」

麻里佳の声を聞き流すと、内腿についばむようなキスの雨を降らせながら、徐々に股間へと近づいていく。

「ああっ、い、いやです……恥ずかしい」

ついに麻里佳の目から涙が流れ出す。

口では「いや」と言っているが、本気でいやがっているわけではない。その証拠に乳首はますますとがり勃ち、愛蜜の分泌量も増えていた。

「もっと感じさせてあげますよ」

直樹はそう言うと、股間の割れ目に熱い息をフーッと吹きかける。とたんに二枚の陰唇が新鮮な赤貝のようにウネウネと蠢《うごめ》いた。

(す、すごい……)

思わず視線が釘付けになる。

まるで意志を持った生き物のようだ。紅色の陰唇に顔を寄せて、隅々まで視線を這わせていく。柔らかそうな襞は汁まみれで、ぐっしょり濡れている。甘酸っぱい華蜜の香りが鼻腔に流れこみ、脳細胞がチクチクと刺激された。

(これが麻里佳さんの、オ、オマ×コ……)

心のなかでつぶやくだけで、さらに興奮が加速する。欲望が燃えあがり、頭のなかがまっ赤に染まった。

勢いにまかせて陰唇にむしゃぶりつく。口を押し当てた瞬間、陰唇がクニュッとひしゃげて、蕩けそうな柔らかさが伝わった。

「あああッ、そ、そんな、ダメですっ」

麻里佳がいっそう大きな声をあげる。

慌てた感じで両手を伸ばすと、直樹の頭を押し返す。しかし、直樹は両手を太腿にまわして、しっかり抱えこんでいた。男の腕力に敵うはずもなく、麻里佳は股間をしゃぶられるしかない。

「グショグショじゃないですか。うむむッ」

直樹は夢中になって陰唇に舌を這わせる。一枚ずつ口に含んで華蜜ごと吸いあげたり、膣口に舌をズブリッと埋めこんだり、とにかく欲望のままに貪《むさぼ》った。

「こ、こんなことされるの、はじめてなんです……はあああッ」

麻里佳はとまどいながらも喘いでいる。

どうやら、旦那はクンニリングスをしていなかったらしい。ということは、直樹がこの陰唇に舌を這わせたはじめての男になる。

(俺がはじめてなんだ……)

そう思うと興奮が倍増して愛撫にも熱が入った。

じつは、直樹もこれまでクンニリングスの経験がない。やってみたかったが、つき合っていた恋人には言い出せなかった。いやがられそうな気がして、チャレンジできなかったのだ。

まさか人妻を相手に、はじめてのクンニリングスを経験するとは思いもしない。異常なほど興奮して、柔らかい陰唇をしゃぶりまくった。

「も、もう許してください……はあああッ」

麻里佳の声がさらに大きくなる。

陰唇を舐められるのがはじめてなら、困惑するのも無理はない。股間を剥き出しにした恥ずかしい格好で、女の源泉を好き放題にしゃぶられているのだ。しかも、股間に顔を埋めているのは夫ではない。それなのに、ねちっこく舌を這わされて、麻里佳は確実に性感を蕩かしていた。

「ああッ、ダ、ダメです、あああぁッ」

「でも、ここはトロトロになってますよ。感じてるんですね」

直樹は口を陰唇にぴったり重ねると、思いきり吸いあげる。膣のなかにたまっていた華蜜が溢れて、口になかに流れこんだ。

「はあああぁッ」

麻里佳が甲高い声をあげて腰をよじる。

直樹の頭を押し返そうとしていた両手は、いつしか後頭部にまわされていた。自ら引き寄せて、愛撫を受け入れている。そのことに気づくと、直樹の興奮はさらにふくれあがった。

舌先で陰唇の合わせ目をまさぐり、上端にある小さな肉の突起を探し出す。おそらく、これがクリトリスだ。はじめて触れるが、ここが女性の感じる場所だというのは知っている。慎重に舌で転がすと、女体が顕著に反応した。

「あああぁッ、そ、そこはダメですっ」

麻里佳は大声で訴えると同時に股間をグッと迫りあげる。直樹の後頭部に手をまわしたまま、無意識のうちに快楽を求めていた。

(やっぱり、ここが感じるんだな)

確信してクリトリスを集中的に舐めまわす。

舌先で華蜜をすくいあげて塗りたくり、執拗に転がせば、すぐに充血して硬くふくらんだ。

「そ、そこばっかり、あぁッ、あああッ」

麻里佳の喘ぎ声が切羽つまっていく。

高まっているのは間違いない。直樹はここぞとばかりに、勃起したクリトリスを思いきり吸引した。

「あああッ、ダ、ダメっ、ダメっ、はあああああああッ!」

女体が仰け反った状態で硬直する。その直後、ガクガクと激しく痙攣して、艶めかしいよがり泣きを振りまいた。

膝を閉じて、直樹の顔を内腿で挟みこむ。麻里佳は股間を突き出した状態で、ヒイヒイと喘ぎつづけた。ふだんは清楚な彼女が、これほどまでに喘ぎ悶えるとは思いもしなかった。

（もしかして、今のって……）

後頭部を押さえつけていた手から力が抜けて、直樹は股間から顔をあげた。

華蜜にまみれた口もとを手の甲で拭うと、麻里佳の様子を観察する。完全に脱力して、四肢をシーツの上に投げ出している。虚ろな瞳を天井に向けており、半開きの唇から荒い息が漏れていた。

もしかしたら、アクメに達したのではないか。

全力疾走したあとのように呼吸を乱して、それでいながらどこか満足げな表情を浮かべている。そんな麻里佳を見ていると、はじめてのクンニリングスで絶頂したとしか思えなかった。

7

「あっ、ちょ、ちょっと……」

呆けていた麻里佳が慌てたような声を漏らした。

直樹が正常位の体勢で覆いかぶさり、勃起したペニスの先端を陰唇に押し当てたときだった。

この期に及んで怖じ気づいたのだろうか。

こちらは最高潮に興奮しているのに、ここで中断するのはかなりの苦痛だ。ところが、そういうことではないらしい。

「い、今みたいの、はじめてだったんです……」

麻里佳が消え入りそうな声でつぶやいた。

「もしかして、イッたことなかったんですか？」

まさかと思いながら尋ねると、彼女は頰を赤く染めながらこっくりうなずいた。

旦那とのセックスでは、一度も絶頂に達したことがなかったのだ。旦那はどれだけひとりよがりなセックスをしていたのだろうか。とにかく、驚きの事実を知ったことで、直樹のペニスはさらにひとまわり大きく膨張する。

(俺が、はじめて……)

自分の愛撫で麻里佳をはじめての絶頂に追いあげた。その事実が自信となり、新たな興奮を呼び起こした。

「挿《い》れますよ」

これ以上は我慢できない。陰唇に触れているペニスを押し進めて、亀頭の先端を膣口に沈みこませた。

「あうッ……お、大きいです」

麻里佳が苦しげに顔をしかめる。

旦那よりも大きいペニスを受け入れるのは、これがはじめてのはずだ。緊張で全身に力が入っている。痛みを与えないように、少しずつ押しこんでいく。

（ゆっくり……ゆっくりだぞ）

逸《はや》る気持ちを懸命に抑えこむ。亀頭が膣口を押しひろげて、やがて張り出したカリがヌルリッと膣のなかに収まった。

「ううぅッ、は、入った」

「はうンンッ」

麻里佳の身体から力が抜ける。

カリが通過したことで、ほっとしたのかもしれない。ここまで来れば、あとは問題ないだろう。それでも慎重に肉棒をじわじわと挿入して、やがて根もとまで完全につながった。

「こ、こんなに奥まで……」

麻里佳が右手を自分の臍の下に乗せる。

ペニスの先端が、そこまで到達しているらしい。夫のときとは異なる感覚なのだろう。麻里佳はとまどいを隠せず、不安げな表情を浮かべていた。

「ゆっくり動かすから大丈夫ですよ」

安心させるように語りかける。

とはいっても、直樹もそれほど経験が豊富なわけではない。奈保子との二度にわたるセックスがなければ、すでに余裕を失っていただろう。あの経験が今になって生きていた。

腰をゆっくり引いて、亀頭が抜け落ちる寸前で一度停止する。そして、再びじわじわと挿入していく。

「あっ……あっ……」

麻里佳は微かな喘ぎ声を漏らしている。

声は抑えているが、膣のなかは激しくうねっていた。前戯に時間をかけたので、女体はすっかりほぐれている。蜜壺は敏感に反応しており、カリで擦られるたびにヒクヒク痙攣した。

「ああンっ、こんなのって……」

「なかがうねってます。感じてるんですね」

腰の動きは、あくまでもスローペースだ。

膣をほぐすことを意識して、腰をゆったり振りつづける。麻里佳は経験が少ないせいか、膣の締まりが思いのほか強い。ピストンのスピードをあげれば、すぐに限界が訪れる気がした。

「ああンっ……な、直樹くん」

ふいに麻里佳が話しかけてくる。

両手を伸ばして、直樹の腰にあてがった。慎重なピストンが功を奏したのか、いつしかうっとりした表情を浮かべている。ペニスが出入りするたび、愛蜜の弾ける湿った音が響きはじめた。

「直樹くんは気持ちいいですか？」

まさか、そんなことを聞かれるとは思いもしない。直樹は驚きながら、何度もうなずいた。

「もちろん、気持ちいいです」

「あンっ、本当ですか？」

麻里佳はピストンに喘ぎながらも、不安げな表情を浮かべる。

おそらく、旦那は感想を述べたことなどないのだろう。麻里佳は完全に自信を失っている。旦那が浮気をしたのは、自分のせいだと思っているようだ。だから、直樹が感じているのかどうかをひどく気にしていた。

「麻里佳さんのなか、最高に気持ちいいです。激しく動いたら、すぐにイッちゃいそうです」

「そうなんですか？」

「すごく熱くて、俺のチ×ポを締めつけてるんです。麻里佳さんのなか、トロトロになってて……ううぅッ」

話しているうちに快感がアップして、途中から呻き声になってしまう。

とにかく、いかに気持ちいいかを言葉にして伝える。今の麻里佳には、そういう気遣いが必要な気がした。

言葉を交わしながらも、腰をゆったり動かしている。生殺しのような快感が延々とつづいており、速く動かしたい衝動に襲われていた。

「も、もっと動いていいですか？」

「は、はい……動いてください」

麻里佳が潤んだ瞳で見つめて答える。

直樹はくびれた腰をつかみ直すと、抽送《ちゅうそう》速度を徐々にあげていく。カリで膣壁を擦りあげれば、とたんに女壺の締まりが強くなった。

「あああッ、なかが擦れています」

喘ぎ声が大きくなり、麻里佳の眉が歪んでいく。クンニリングスのときと同じように、股間をググッと迫りあげていた。

（感じてるんだ……）

そう確信して、自信を持ってピストンする。

力強くペニスを送りこんでは、張り出したカリで膣壁をゴリゴリ擦った。華蜜と我慢汁がまざり合い、湿った音が響きわたる。淫らな匂いも漂いはじめて、快感がどんどんふくらんでいく。

「くううッ、もっと速くしますよ」

直樹は上半身を伏せると、女体をそっと抱きしめた。

胸板で圧迫したことで、乳房がプニュッと柔らかくひしゃげる。首すじにキスをしながら、ペニスをグイグイと送りこんだ。

「あああンッ、こ、こんなにやさしくて、力強いなんて……」

「麻里佳さんのなか、最高です……くううッ」

さらにピストンを激しくする。

これだけ感じていれば、もう遠慮する必要はないだろう。意識的にカリで膣壁を擦りあげて、腰をガンガン振りまくる。ペニスを出し入れするほどに、快感が高まっていく。

「あああッ、す、すごいですっ、全然違いますっ」

麻里佳がたまらなそうな声をあげる。

おそらく、旦那のセックスと比べているのだろう。これまで、まともな前戯も受けていなかったのだ。はじめてのアクメを体験したことで、感度はかなりあがっているはずだ。

「な、直樹くん……」

麻里佳が甘えたような声を漏らす。

いつしか両手は直樹の尻たぶにまわりこんでいる。さらなるピストンを求めるように、指先が尻肉にしっかりめりこんでいた。

「じゃあ、いきますよ」

直樹の欲望も限界近くまで高まっている。もう力をセーブすることなく、思いきり腰を振りはじめた。

「ああッ、あああッ、こ、こんなのって……」

「おおおッ、す、すごいっ」

女体を強く抱きしめながら、ペニスをガンガン打ちこんでいく。いっさい遠慮することなく、蜜壺のなかを思いきりかきまわす。膣の締まりが強くなり、射精欲が急激に盛りあがった。

「くおおおッ、き、気持ちいいっ」

「ああああッ、わ、わたしも、はあああッ、気持ちいいですっ」

麻里佳の唇からも快感を訴える声が溢れ出す。

ふたりはきつく抱き合って快楽を共有する。頬と頬を密着させた正常位だ。直樹のピストンに合わせて、麻里佳も股間をしゃくりあげる。そうすることで、より結合が深まり、快感が大きくなった。

「くおおッ、お、俺、もうっ……」

直樹のほうが先に限界を訴える。

これ以上は我慢できない。ここまで麻里佳を感じさせることに徹していたが、もう耐えられなくなっていた。

「で、出ちゃいますっ」

「あああッ、だ、出してつ、わたしの身体で感じてくださいっ」

麻里佳が耳もとで叫んだ声が引き金となり、ついに膣の奥深くでペニスが激しく暴れはじめた。

「おおおおッ、で、出るっ、出る出るっ、くおおおおおおおおッ！」

雄叫《おたけ》びをあげると同時に、精液が勢いよく噴きあがる。ペニスを根もとまで埋めこんだ状態で、熱い媚肉を感じながら思いきり射精した。

麻里佳が背中を抱きしめてくれるのが心地よくて、快感がより大きなものへと変化する。ペニスは女壺のなかで何度も跳ねまわり、大量の精液をビュクッビュクッと放出した。

「あああッ、い、いいっ、はあああああああッ！」

麻里佳のよがり泣きが響きわたる。

熱いザーメンを注ぎこまれた衝撃で、身体が大きく仰け反った。直樹の背中に爪を立てて、全身をガクガク震わせる。絶頂に達したのは明らかで、ペニスを思いきり締めつけた。

「す、すごいっ、ぬおおおおッ」

射精している最中に、さらなる快感を送りこまれる。頭のなかがまっ白になり、なりふり構わず獣のような雄叫びをあげていた。

8

結合を解いても、ふたりは言葉を発することができなかった。

並んで横になったまま、しばらく天井をぼんやり見つめていた。ようやく呼吸が整うと、ふたりは黙って服を身につけた。

「直樹くん、ありがとうございました」

最初と同じように、麻里佳が布団の横に正座をして頭をさげる。

しかし、先ほどとは表情が決定的に違う。恥ずかしげに頬を赤らめているが、瞳には強い光が宿っていた。

「こちらこそ、ありがとうございました。麻里佳さんはとっても魅力的です」

直樹も正座をして語りかける。

実際、麻里佳とのセックスは最高だった。快感が大きかったせいか、自分でも驚くほど大量のザーメンを放出した。

「先にイッたのは、これがはじめてです」

もちろん、そんなことはない。

奈保子との二度のセックスは当然ながら、過去の恋人とのセックスでも自分が先に達するほうが早かった。だが、今回は麻里佳に自信をつけてもらいたい。これくらいの小さな嘘は許されるだろう。

「あんまり気持ちいいから、先にイッちゃいました。だから、自信を持っていいと思います」

直樹は懸命に語りかける。麻里佳はまっすぐ目を見つめたまま、穏やかな微笑を浮かべて聞いていた。

「直樹くんのやさしさが、なによりうれしいです。あんなに丁寧に扱われたのは、はじめてです。直樹くんの恋人になる女性は幸せですね」

それを言われると、胸の奥が微かに痛んだ。

別れた恋人に、あれほど丁寧な前戯をしたことはない。今にして思うと、麻里佳の旦那と同じで、ひとりよがりのセックスをしていた気がする。

（俺、人のこと言えないな……）

胸底で自虐的につぶやく。

セックスの最中は旦那よりペニスが大きいと言われて勝ち誇っていたが、今は恥ずかしさでいっぱいだった。

「直樹くんのおかげで勇気が出ました」

麻里佳はそう言うと、ワンピースのポケットからスマホを取り出した。なにをするのかと思えば、どこかに電話をかけようとする。

「誰にかけるんですか？」

「夫です」

「えっ、今すぐかけるんですか？」

「はい、気が変わらないうちにかけます。もう待つだけの人生はやめにしました」

きっぱりした言いかただった。

直樹とのセックスで、なにかが吹っきれたのかもしれない。自信がついたのも事実だろう。とにかく、以前の弱気な麻里佳ではなくなっていた。

「じゃあ、俺は席をはずします」

立ちあがろうとすると、麻里佳が手で制した。

「直樹くんにも聞いてほしいです。変わったわたしを見てください」

麻里佳は電話をかけるとスピーカーに切り替える。そして、スマホを手のひらに載せると胸の前に差し出した。

「もしもし……」

電話がつながり、いきなり不機嫌そうな男の声が聞こえる。

おそらく、これが旦那だろう。浮気をしておきながら開き直り、麻里佳に謝らなかった男だ。第一声を聞いた感じだと、今も謝る気はないらしい。まったく反省していないのは明白だった。

「わたしです。麻里佳です」

「なんだよ。俺は今から風呂に――」

「別れましょう」

麻里佳は夫の声を遮り、いきなり衝撃的な言葉を発した。背すじをすっと伸ばして、表情を崩さない。瞳には強い意志の力が感じられた。

「は？　おまえ、なにを言って――」

「離婚しましょう」

再び麻里佳は夫の声を遮った。

「お、おい、本気で言ってるのか」

「あなたが謝ってくれないのなら、いっしょには暮らせません」

麻里佳は毅然とした態度を崩さない。以前までの自信なさげな女性とは別人になっていた。

（ウソだろ……）

驚いているのは旦那だけではない。直樹はなにも聞いていなかったので、目を見開いて固まっていた。

「用件は以上です。離婚届は後日──」

「ちょ、ちょっと待て、待ってくれ」

夫が慌てた感じで声をあげる。

「わ、悪かった。謝るから離婚は勘弁してくれ」

「今さら信用できません」

夫が謝るとは意外だったが、麻里佳が突き放したことにも驚いた。

「もう浮気はしません。俺が悪かった。ごめんなさい」

最初は勝ち気だった夫が全面的に謝罪する。

自信をつけた麻里佳の言葉に気圧されたのだろう。もともと自分の浮気が事の発端なのだから、謝るのは当然のことだった。

電話を切ると、麻里佳の身体から力が抜ける。正座していた足を崩して、横座りの格好になった。

「緊張しました……」

先ほどは毅然としていたが、気が抜けたらしい。いつものやさしい表情の麻里佳に戻っていた。

「かっこよかったです。あんなことが言えるなんて、びっくりしました」

思ったことを正直に伝える。

まさか麻里佳があそこまで強気に出るとは驚きだった。その結果、慌てた旦那が謝罪したのは痛快だった。やはり旦那は麻里佳に甘えていただけなのだろう。

「直樹くんのおかげです。本当にありがとうございました」

「俺なんてなにも……」

「いえ、直樹くんが背中を押してくれたんですよ」

麻里佳がやさしげな微笑を浮かべて見つめている。

そう言ってくれるのはうれしいが、本当になにもしていない。ただセックスをしただけだった。

「明日、旭川に帰ります。奈保子さんが出張から帰ってきたら、ご挨拶だけさせてもらってもいいですか」

「もちろんです。そうですか……なんだか、淋しくなります」

短い間だったが、三人での共同生活は楽しかった。

そして今日、身体を重ねたことで、確実に距離が縮まっている。だから、なおさら別れるのが淋しかった。

第四章　若肌の愛らしい誘惑

1

いつものようにスマホのアラームで目が覚めた。

ベッドから起きあがると、寝ぼけ眼《まなこ》を擦りながら伸びをする。

麻里佳がいなくなって数日が過ぎていた。また奈保子とのふたり暮らしに戻っている。最初は妙に静かで淋しい気がしたが、なれるのは意外と早かった。今ではすっかりふたりの共同生活に違和感がなかった。

奈保子がここに来て、二週間が経っている。

残念ながらセックスすることはないが、ときおり風呂あがりの姿を目撃したり、下着が干してあるのを見ることはある。そんな小さなハプニングも楽しくて、奈保子がいるのが当たり前になっていた。

もしかしたら、馬が合うのかもしれない。とはいっても、奈保子は人妻だ。いつかは出ていってしまうのだ。いったいこの生活はいつまでつづくのだろうか。

「あれ、課長」

リビングに向かうと、奈保子の姿があった。

いつもなら出かけている時間だ。しかし、今朝はピンク色のパジャマに身を包んでいる。まだ起きたばかりなのかもしれない。ソファに座って、のんびりコーヒーを飲んでいた。

「おはようございます。どうしたんですか？」

「見てのとおり、寝坊しちゃったのよ。アラームをかけ忘れたわ」

奈保子はそう言って、マグカップを口に運んだ。

「そろそろ起きてくると思って、吉沢くんのも入れておいたわよ」

ローテーブルには、もうひとつマグカップが置いてあり、白い湯気が立ちのぼっていた。

「ありがとうございます」

直樹は礼を言いながらソファに腰かける。

以前は隣に座るのを躊躇《ちゅうちょ》していたが、二週間も経つとなれてきた。気を使いすぎると互いに疲れてしまうので、今は普通に並んで座るようになっていた。

「今日は吉沢くんといっしょに出社するわ」

奈保子がぽつりとつぶやく。

そもそも共同生活がはじまってから、奈保子の出社時間は早すぎた。いっしょに出社すると誤解を招くので、奈保子が先にマンションを出ていたのだ。

「今さらですけど、合鍵を渡しますよ。そうすれば、俺よりあとに出社できるじゃないですか」

「それは遠慮するわ。あくまでも居候の身ですから」

奈保子はそう言って「ふふっ」と笑う。

自分なりに一線を引いているらしい。合鍵を受け取って、我が家のように自由に出入りする気はないようだ。

(さすが課長、ちゃんとしてるよな)

感心して見やると、パジャマの胸もとが目に入った。

パンパンに張りつめており、ふくらみの頂点に小さなポッチが浮かんでいる。それは乳首に間違いない。きっと寝るときはノーブラなのだろう。一度でも目に入ると、気になって仕方がなかった。

「さてと、そろそろ準備をしないとね」

ふいに奈保子が立ちあがる。

「そ、そうですね」

直樹も平静を装って立つと、急いで準備に取りかかった。

会社に到着すると、美緒が掃除をしていた。ちょうどこちらに背中を向けて、箒で床を掃いているところだ。

「おはよう」

直樹はいつもの調子で声をかける。

「あっ、おはようござ――」

美緒が振り返るが、挨拶の声は途中で途切れた。

「岡島さん、おはよう。どうしたの？」

いっしょに出社した奈保子が、不思議そうに話しかける。

「い、いえ……おはようございます」

美緒は挨拶するが、頬が微かにこわばっていた。

奈保子は首をかしげながら自分のデスクに向かった。直樹はバッグを置くと、モップを取りに行く。すると、なぜか美緒が追いかけてきた。

「どうして、課長といっしょなんですか？」

なにやら不機嫌な感じでにらんでいる。直樹と奈保子がいっしょに出社したことをらんでいた。

なにげないふりをして言うが、美緒は納得してくれない。まだ頬をふくらませてに

「たまたま、そこで会ったんだよ」

怪しんでいた。

「本当ですか？」

「会社の近くで誰かに会うことなんて、普通にあることだろ」

「そうですけど……なんかヘンです」

美緒は首をかしげて考えこんでいる。

女の勘が働いたのかもしれない。愛らしい顔をしているが、なかなか鋭いところがあるので侮れなかった。

「相談したいことがあったんですけど、もういいです」

美緒はプイッとその場から離れてしまう。

よくわからないが、気分を害してしまったらしい。こうなると、今は話しかけても無駄だろう。今度、昼飯でもおごって機嫌を取ったほうがいいかもしれない。

（それにしても、相談って、なんだったんだ？）

直樹は不思議に思いながら美緒の背中を見つめた。

これまでなにかを相談されたことなどない。そもそも、まじめな話をした覚えがな

かった。

きっと、たいしたことではないだろう。まったく想像がつかないので、深く考えることはなかった。

2

直樹はソファに腰かけて、テレビをのんびり眺めていた。シャワーを浴びてスウェットに着替えており、すっかりくつろぎモードだ。

奈保子はキッチンに立っている。やはりすでにシャワーを浴びて、黒いワンピースに身を包んでいた。

今日は帰宅が早かったため、夕飯を作ってくれるという。

以前は恐縮したが、今は素直にお願いすることにしている。奈保子は口にこそ出さないが、部屋を借りているので、なにかしなければと思っているらしい。家事を積極的に手伝ってくれるので助かっていた。

(でも、これって、やっぱりヘンだよな……)

キッチンに立つ奈保子を見て、ふと思う。

部下の直樹がソファでくつろいでいるのに、上司の奈保子がひとりで料理を作っているのだ。

　こういうとき、少しくらい手伝うべきだと思うが、直樹は料理が苦手だ。キッチンに立ったところで、奈保子を苛《いら》つかせるだけなのはわかっている。だから、すべてまかせることにしていた。

「吉沢くん、できたわよ」

　奈保子の声が聞こえて、直樹はキッチンに向かった。

「おっ、うまそうですね」

　皿に載った料理を見た瞬間、思わず声が漏れた。

　今日のメニューは手作りのハンバーグだ。しかも、大葉と大根おろしがたっぷりのった、直樹の好きな和風ハンバーグだった。味噌汁に白いご飯もある。こういう家庭料理が、なによりありがたい。奈保子が作ってくれたと思うと、なおのことおいしそうに見えた。

「運ぶの手伝ってね」

「はい、まかせてください」

　直樹はトレーを手にして、いそいそと運んでいく。ローテーブルに並べると、奈保子と並んでソファに腰かけた。

「では、いただきます」

さっそく熱々のハンバーグを食べはじめる。

嚙んだとたん、肉汁がジュウッと溢れて、じつにジューシーだ。醬油ベースの和風ソースも手作りで、ハンバーグの味を引き立てていた。

「うまいっ、すごくうまいです」

「吉沢くんは、なんでも褒めてくれるから作りがいがあるわ」

奈保子はそう言って微笑を浮かべる。

誰かといっしょに食べると、ひとりよりも断然おいしい。だが、奈保子はいつか出ていってしまう。それを考えると、今から淋しくなってしまう。

（課長、ずっといてもいいですよ……）

心のなかで語りかけたとき、インターホンのチャイムが鳴り響いた。

こんな時間に誰だろうか。仕方なく立ちあがり、壁に設置されているインターホンのパネルに向かった。

「ん？」

液晶画面に映っている人物を見て、思わず声を漏らした。

「誰なの？」

奈保子が振り向いて尋ねる。

「それが……岡島さんなんです」

直樹は困惑しながら答えた。

液晶画面に映っているのは美緒に間違いない。なぜ彼女がそこにいるのか、まったくわからなかった。

奈保子が立ちあがり、美緒が映っていることを確認する。そして、直樹の顔をまじまじと見つめた。

「あなたたち、つき合ってるの？」

「ち、違いますよ。そんなわけないじゃないですか」

直樹は慌てて否定する。

美緒は愛らしい顔立ちで、みんなからかわいがられている。当然ながら狙っている男性社員は多いだろう。直樹はすでに恋人がいると踏んでいるが、いなかったとしても自分にチャンスがあるとは思えなかった。

「それじゃあ、岡島さんはなにをしに来たの？」

「わからないです。ここに来たことなんて一度もないですよ」

思い当たる節はなにもない。美緒が訪ねてくる理由は想像もつかなかった。

「正直に言いなさい。別に社内恋愛は禁止じゃないのよ」

「だから違うんですって」

再びチャイムの音が響きわたる。

直樹と奈保子は同時に液晶画面に視線を向けた。すると、美緒の様子がおかしいことに気がついた。なにやら指先で目もとに触れている。もしかしたら、涙を拭っているのかもしれない。

「ちょっと、泣いてるじゃない」

奈保子がむっとした感じで直樹をにらんだ。

「い、いや、知らないですよ」

「知らないじゃないわよ。あなたが泣かせたんじゃないの？」

「本当に違いますって」

なにを言っても信じてもらえない。わけがわからないうえに怒られて、直樹はおろおろしていた。

「とにかく入れてあげなさい。寒いなかで待たせたら、かわいそうでしょ」

奈保子に急《せ》かされて、直樹は仕方なく通話ボタンを押した。

「岡島さん、どうしたの？」

「きゅ、急にごめんなさい……うっぅぅっ」

美緒はいきなり泣き出してしまう。

女性に泣かれるのが苦手で、直樹まで泣きたくなる。だが、隣で奈保子が怖い顔をしているので、きちんと対処しなければならない。

「と、とにかく、今開けるから入って」

解錠ボタンを押して、エントランスの自動ドアを開けた。

さっぱりわからないが、とにかく玄関に向かうと廊下に出る。すぐにエレベーターが到着して扉が開き、美緒が不安げな顔で降りてきた。淡いピンクのワンピースにダッフルコートという服装だ。

「吉沢さん……うわあああんっ」

直樹の姿を見つけるなり、美緒は大声で泣きはじめた。

これではほかの部屋の迷惑になってしまう。直樹は慌てて玄関のドアを大きく開け放った。

「な、なかに入って」

懸命にうながすと、美緒は泣きながら玄関に足を踏み入れた。

リビングには奈保子がいる。会わせたくないが、そういうわけにもいかない。とにかく、連れていくしかなかった。

「お邪魔します」

リビングに入るとき、美緒が殊勝な声でつぶやいた。ところが、奈保子が立っているのを見た瞬間、顔つきが変わった。

「どうして、課長がいるんですか？」

　その言葉は直樹に向けられたものだ。

　美緒は愛らしい顔に怒りの色を滲ませている。直樹をにらみつけると、またしても涙をこぼしはじめた。

「ひどいです……うっぅぅっ」

「な、なにか誤解してないかな。俺と課長はなんでもないよ。課長がここにいるのは事情があって――」

「ちょっと吉沢くん」

　必死に弁解しようとする直樹の言葉を、奈保子が鋭い声で遮った。

「岡島さん、泣いてるじゃない。どういうことなのか説明しなさい」

「い、いや、だから俺もわからないんですよ」

　直樹はほとんどパニック状態だ。

「こんなの、ひどいですっ」

「早く説明しなさいっ」

　美緒に泣かれて、奈保子にはつめ寄られる。なにが起きているのか、さっぱりわからなかった。

「ふたりとも、ちょっと黙ってください！」

　つい声が大きくなってしまう。しかし、美緒は泣きやみ、奈保子も驚いた顔で口を閉ざした。

「す、すみません。怒鳴るつもりはなかったのですが……すみません」

まずは謝罪をしてから、状況の整理に取りかかる。

「岡島さん、どうしてウチに来たの？」

穏やかな声を心がけて問いかける。

まずは美緒の目的を知りたい。そこがわからなければ、奈保子は誤解をしたままで収拾がつかない。とりあえず、奈保子の怒りを鎮めたかった。

「じつは……家出をしてきたんです」

美緒が小声でつぶやいた。

「家出だって？」

「岡島さんも？」

直樹と奈保子が同時に驚きの声をあげる。

まさか、また家出人が現れるとは思いもしない。それと同時にいやな予感が沸々とこみあげた。

（ここに転がりこむつもりじゃないだろうな……）

そんな気がしてならない。

出会った直後の人妻を泊めた経験があるので、同僚なら抵抗はない。とはいえ、漠然とした不安が胸にひろがっていた。

「おふたりとも、どうしたんですか？」

美緒は訝《いぶか》るような顔をしている。直樹と奈保子の反応が気になっているのだ。説明しなければ話が進みそうになかった。

「それがね……わたしも家出をしてきたのよ」

言いにくそうに奈保子が打ち明けた。

「課長もですか？」

美緒が目をまるくする。偶然とはいえ、ふたりとも家出してきたとわかり、驚きを隠せない様子だ。

「夫といろいろあって……」

奈保子は家出をするに至った経緯をかいつまんで話しはじめた。

それを美緒は黙って聞いている。相づちも打つことなく、なぜか不機嫌そうな顔をしていた。

「理由はわかりましたけど、どうして吉沢さんのところに来たんですか」

「家族と同居している人の家には行けないでしょう。ひとり暮らしで、しかも部屋に余裕があるところって考えたら、吉沢くんしか思いつかなかったのよ」

奈保子が穏やかな声で語りつづける。

その説明なら以前にも聞いた。自分が選ばれたわけではないと思うと、なんとなく淋しい気持ちになる。わかっていたことだが、何度も聞きたくない。要するに部屋があまっていれば誰でもよかったのだろう。

「岡島さんも同じ理由なんでしょう」

「わたしは違います。吉沢さんのところに来たくて来たんです！」

なぜか美緒はむきになっている。なにをそんなに力んでいるのか、まったくわからなかった。

「とにかく、いったん座ろうか」

要領を得ないので、直樹は横から口を挟んだ。

奈保子と美緒にソファを勧めると、直樹はローテーブルを挟んだ向かいに腰をおろした。

「説明してくれないかな。どうして家出なんてしたの？」

「朝、吉沢さんに相談しようと思ったんです。でも、タイミングが合わなくて……」

そう言われて思い出す。

今朝、出社して掃除をはじめようとしたとき、美緒がなにか相談があるようなことを言っていた。

「ちょっと前から、親に見合いをするように言われてて……それがどうしてもいやで今夜も喧嘩になったんです」

美緒が小声で説明する。

どうやら、両親に見合いを強く勧められているらしい。美緒は二十四歳だ。家庭の事情もあるのかもしれないが、本人が望まないことを強要するのはどうかと思う。美緒が家を飛び出したのもわかる気がした。

「大変だったんだね」

「はい、大変だったんです」

直樹が同情すると、美緒は愛らしい顔でこっくりうなずく。しかし、直後に奈保子を見やり、不機嫌そうな表情を浮かべた。

「どうして、課長がいるんですか」

「それはさっき説明しただろ。課長だって、大変なんだよ」

これでは堂々めぐりだ。

なぜか美緒は奈保子に対して攻撃的だ。今も頬をふくらませてにらんでいる。会社では決してこんな態度を取らないが、プライベートの時間だからなのか、敵対心を剥き出しにしていた。

そんな部下の姿を目にして、奈保子は呆れた表情を浮かべている。同じ土俵に立つことなく、大人の余裕を漂わせていた。

「前から思っていたのだけど……」

奈保子が静かに口を開く。直樹と美緒はまるで会社の朝礼のときのように、奈保子に注目した。

「岡島さんは吉沢くんのことが気になっているのね」

「な、なにを言い出すんですか」

直樹は慌てて声をあげた。

「そんなことあるわけないですよ。岡島さんはモテるんですから、俺のことなんて相手にしてませんよ」

美緒本人の口から否定する言葉を聞きたくない。その一心でまくし立てるが、なぜか奈保子も美緒も黙りこんでいた。

「ねっ、岡島さん」

仕方なく同意を求めて視線を向ける。ところが、美緒は顔をまっ赤に染めて、頬をぷっくりふくらませていた。

「予想で勝手なこと言わないでください」

「あら、間違ってた？」

奈保子が微笑を浮かべて返すと、美緒は反論をやめて黙りこんだ。

（まさか……そういうことなのか？）

直樹は信じられない気持ちで首をかしげた。

反論しないということは、奈保子の予想が当たっているのではないか。まさかと思うが、美緒の言動を思い返すと、あながち間違っていない気もした。

「と、とにかく、ここに泊めてくださいっ」

美緒がごまかすように大きな声をあげる。

「それは構わないけど……」

直樹が言いよどむと、奈保子があとを引き継いだ。

「わたしと同じ部屋になるけど大丈夫？」

「ええっ、課長とですか」

あからさまに不満を顔に出す。奈保子に対してこんな態度を取れるのは、美緒しかいなかった。

「それがいやなら、吉沢くんの部屋になるわね」

「ちょっと課長……」

「ふふっ、冗談よ。あら、岡島さんはまんざらでもないみたいよ」

奈保子に言われて見やると、美緒は耳までまっ赤に染めあげていた。

「課長といっしょでいいです」

渋々ながら受け入れることにしたらしい。美緒は不満げな顔をしながらも、奈保子と同部屋になることを了承した。

3

美緒が転がりこんでから三日が経っていた。

今夜、奈保子は取引先との食事会があり、帰宅は遅くなるという。そういうわけで、はじめて美緒とふたりきりになっていた。

三人での共同生活は意外と悪くなかった。

奈保子がてきぱきと家事をこなすので、対抗意識を持っている美緒も積極的に家のことをやってくれる。おかげで直樹は雑用から解放されていた。

なにより、タイプの異なるふたりの女性といっしょに住んでいるという優越感がたまらない。スーツ姿だけではなく、プライベートの部屋着を眺められるのも共同生活ならではだ。

部屋のドアが開いていて、下着姿を拝めたこともあった。

ドアを閉め忘れていたところに、たまたま通りかかったのだ。ちょうど美緒が着がえをしており、スーツを脱いで淡い水色のブラジャーとパンティだけになったところだった。

すぐに気づかれて、美緒が愛らしい悲鳴をあげた。それを聞きつけた奈保子がキッチンから駆けつけたのには焦った。猛烈な勢いで説教されたが、そんなことも含めて楽しかった。

だが、今夜は美緒とふたりきりだ。

自分に気があるかもしれないと思うと落ち着かない。とにかく、おかしな空気にならないように、平静を装って接していた。

すでにふたりともシャワーを浴びて部屋着になっている。

直樹はいつものスウェットの上下で、美緒は身体にフィットするデザインのワンピースだ。十月だというのにノースリーブで裾は膝上だ。ふたりきりの夜に露出の多い服を着ているのは単なる偶然だろうか。

晩ご飯は美緒の希望で、デリバリーのピザを頼んだ。そして今、食べ終えたところだった。

「おいしかったね」

直樹が話しかけても返事がない。

不思議に思って隣を見やると、美緒はなにやらうつむいている。暗い表情を浮かべているのが気になった。

「岡島さん？」

「やっぱり、手作りのほうがいいですよね」

美緒がぽつりとつぶやいた。

「課長がいたら作ってくれたかもしれないじゃないですか」

「どうかな。課長も忙しいから、毎晩ってわけにはいかないからね」

なにげない言葉だったが、美緒は気になったらしい。顔をこちらに向けて、顎をツンとあげた。

「課長と吉沢さんって、どういう関係なんですか？」

「ただの上司と部下だよ」

「でも、ずいぶん仲がいいみたいですね」

言いかたに棘《とげ》がある。

美緒は最初から、直樹と奈保子の仲を勘ぐっていた。何度も説明したが納得してくれない。奈保子が食事を作るたび、美緒は焼き餅を焼いていた。

「そういえば、課長が目の下に隈を作っていたときあったじゃないですか。あの日、吉沢さんも疲れた顔をしていたんですよね」

「き、気のせいだろ……」

疑いの眼差しを向けられて、うろたえてしまう。平静を保っていられず、ほんの少し声が震えてしまった。

「なんか動揺してます？」

美緒が少し腰を浮かせて、すぐ隣に移動した。

腕と腕が触れてドキリとする。思わず体を硬直させるが、美緒は構わず腕に抱きついてきた。

「ちょ、ちょっと……」

ワンピースの乳房のふくらみが、肘に押しつけられている。柔らかくプニュッとひしゃげているのがわかり、胸の鼓動が速くなってしまう。

「おっぱい、当たってるのわかりますか？」

美緒が上目遣いに見つめてささやいた。

意識的に押しつけている。愛らしい顔をしているのに、直樹を誘っているのは間違いない。

「どうして、俺なんかを……」

いくら考えても、まったく理解できない。

美緒ほどかわいければ、イケメンでも金持ちでも選び放題だろう。それなのに、平凡な自分を選ぶ理由がわからなかった。

「吉沢さんはやさしいです。口先だけじゃなくて、毎朝、お掃除を手伝ってくれました。そんな人はいませんでした」

美緒は乳房を押しつけたままつぶやいた。

東京本社にいたときの習慣で早く出社していただけだが、意外なことにそれが好印象だったらしい。こんなことは、もちろんはじめての経験だ。美緒に好意を寄せられて、激しく困惑していた。

「課長と仲がよくても構いません。わたし、吉沢さんを振り向かせてみせます」

「ち、違うんだって。俺と課長はなんでもないから――ううッ」

突然、美緒の手がスウェットパンツの股間に重なり、小さな声が漏れてしまう。そのままやさしく揉まれて、瞬く間にペニスが反応した。

「な、なにを……」

「硬くなってきました」

美緒が楽しげにつぶやき、スウェットパンツをおろしはじめる。

「お尻、持ちあげてください」

そう言われて、直樹は思わず尻を浮かせていた。

困惑しながらも、心の片隅で期待しているのは事実だ。これほどかわいい女性に誘惑されることは、この先二度とないかもしれない。せっかくのチャンスを逃す手はないだろう。

スウェットパンツとボクサーブリーフがまとめて引きおろされる。勃起したペニスがブルンッと鎌首を振って飛び出した。

「えっ、ウ、ウソ……」

美緒が表情を硬くする。

ここまでするのだから処女ではないだろう。しかし、そそり勃ったペニスを見つめて、目を見開いている。

「どうしたの？」

直樹が問いかけると、美緒は慌てた感じで首を左右に振った。

「な、なんでもありません」

取り繕うような笑みを浮かべて、太幹に指を巻きつける。そして、恐るおそるといった感じで、ゆっくりしごきはじめた。

ところが、なにやら様子がおかしい。目をキョロキョロさせて落ち着きがなく、不安げな表情を浮かべていた。

「大きい……こんなにすごいの、見たことないです」

美緒が独りごとのようにつぶやく。

どうやら、ペニスのサイズに驚いているらしい。自覚はなかったが、奈保子も麻里佳も同じことを言っていたので、平均より大きいのかもしれない。

（それにしても……）

直樹は己の股間を見おろした。

美緒がペニスをしごいているが、どうにも動きがぎこちない。自分から誘ったものの、じつは経験があまりないのではないか。拙い愛撫でも快感は得られる。だが、美緒はここからどうすればいいのか困っているようだ。

「もう大丈夫だよ」

直樹は迷ったすえに声をかけた。

「気持ちよくなかったですか？」

美緒が不安げな瞳を向ける。

その顔があまりにも愛らしくて、直樹は思わず強く抱きしめた。すると、腕のなかで女体が小さく震えるのがわかった。

「よ、吉沢さん？」

「今度は俺が岡島さんのことを気持ちよくしてあげるよ」

耳もとでささやき、首すじに口づけした。

「あンっ……」

美緒の唇から小さな声が漏れる。すると、今度はすかさず唇を重ねて、いきなり舌をヌルリッと挿《さ》し入れた。

「はンンっ」

抱きしめた女体が硬直する。

緊張しているのが手に取るようにわかるが、美緒が拒絶することはない。睫毛を静かに伏せて、直樹の舌を受け入れている。

それならばと、美緒の口内を好き放題に舐めまわす。歯茎や頬の内側に舌を這わせて、上顎をくすぐる。さらには奥で縮こまっている舌をからめとり、思いきり吸いあげた。

柔らかい舌の感触を楽しみながら、甘い唾液をすすり飲む。いつしか、美緒の硬直した身体から力が抜けていく。うっとりした表情を浮かべて、遠慮がちに直樹の舌を吸い返した。

「あンンっ、吉沢さん……」

名前を呼びながらディープキスに応えてくれる。

そんな美緒の反応がうれしくて、テンションがあがっていく。直樹は舌をからめたまま、ワンピースからのぞいてる膝に手のひらを重ねた。

ストッキングを穿いていないナマ脚だ。なめらかな膝を撫でまわすと、太腿へと滑らせる。自然とワンピースの裾を押しあげることになり、白くてモチモチした肌が露になっていく。

内腿をぴったり閉じているところに恥じらいが感じられる。やがてワンピースが完全にまくれあがり、股間に貼りつく純白のパンティが露出した。

「は、恥ずかしいです」

美緒が唇を離して訴える。

顔だけではなく、耳までまっ赤に染まっている。その反応を見ても、経験が浅いことは明白だ。

(俺も、そんなに経験があるわけじゃないけど……)

少なくとも美緒よりは上だと思う。ここ最近の奈保子や麻里佳との体験を経て、多少なりとも自信がついていた。

「これ、脱いじゃおうか」

直樹が語りかけると、美緒はこっくりうなずく。そして、おずおずとワンピースをまくりあげて、頭から抜き取った。

これで女体にまとっているのは、白いブラジャーとパンティだけになる。美緒は恥ずかしげに顔を伏せているが、それでも自ら両手を背中にまわしてホックをはずすとブラジャーを取り去った。

瑞々《みずみず》しくて張りのある乳房が、プルンッと揺れながら剝き出しになる。

新鮮なメロンを思わせる見事なふくらみだ。白くてなめらかな肌が魅惑的な曲線を描き、先端部分には薄ピンクの乳首が乗っていた。

「あっ……」

美緒が羞恥に身をよじると、乳房がプルプル揺れる。ツンと上向きの乳首が、まるで誘っているようだった。

「下も、ですよね」

「いいよ。俺が脱がしてあげる」

もう居ても立ってもいられない。直樹はパンティに指をかけると、すかさず引きおろしにかかった。

徐々に恥丘が見えてくる。肉厚でふっくらしており、陰毛は申しわけ程度にしか生えていない。しかも、一本いっぽんが極細なので、白い地肌が透けている。恥丘の中心に走る縦溝まで確認できた。

「や、やだ……見ないでください」

美緒は恥ずかしげにつぶやくが、手で隠したりはしない。抱いてほしいという気持ちの表れなのか、すべてを剝き出しにしたまま羞恥に耐えていた。

そんな健気な姿が、牡の欲望を駆り立てる。ペニスはますますいきり勃ち、太幹には太い血管が稲妻状に浮かびあがった。

「岡島さんっ」

名前を呼びながら乳房にむしゃぶりつく。乳首を口に含むなり、欲望にまかせて舌を這いまわらせた。

「ああッ、い、いきなり……」

女体がビクッと跳ねて、美緒の唇から甘い声が溢れ出す。

経験は浅いが、身体は敏感らしい。それならばと、双つの乳首を交互に舐めて、舌で執拗に転がした。

「硬くなってきたよ」

わざとささやいて教えれば、美緒は腰をクネクネとくねらせる。

「そ、そんなこと言わないでください」

照れているが、乳首はどんどん硬くなり、やがて完全に屹立した。

勃起した乳首は感度を増している。舌で軽く弾くたびに、女体に小刻みな痙攣が走り抜けた。

「ああンっ、そ、そこばっかり……」

「乳首が感じるんだね」

「は、はい、感じちゃいます……ああっ」

美緒は小声で認めると、喘ぎ声を大きくする。

性感が蕩けているのは間違いない。内腿をぴったり閉じて、焦れたようにモジモジしていた。

（そろそろか……）

直樹自身も我慢ができなくなっている。早く挿入したくて、ペニスの先端は我慢汁でぐっしょり濡れていた。

しかし、ソファの上では挿入しづらい。経験が豊富な男なら問題ないかもしれないが、直樹では選択肢が限られていた。これまでやったことのある体位でアレンジするしかなかった。

4

（よし……）

直樹はソファに深く腰かけた。

そして、美緒の手を取ると、自分の股間にまたがるように誘導する。美緒は両膝を座面についた対面座位の体勢だ。

またがる瞬間、陰唇がチラリと見えた。いかにも経験の少なそうなミルキーピンクで、いっさい形崩れしていなかった。しかし、乳首への愛撫で興奮したのか、大量の華蜜で濡れ光っていた。

「こんな格好、したことないです」

美緒が不安げな声を漏らす。

そそり勃ったペニスの真上で膝立ちになり、両手を直樹の肩に置いている。経験したことのない体位で、しかも、巨大な男根を受け入れなければならない。不安になるのは当然のことだった。

「大丈夫だよ」

直樹はできるだけやさしく告げると、くびれた腰に両手を添えた。

脳裏に浮かんでいるのは、奈保子とバスルームで経験した対面座位だ。あのときは奈保子がリードしてくれたが、今度は自分がリードする番だ。

「腰をゆっくり落としてみようか」

「は、はい……」

美緒は小さくうなずき、腰を落としはじめる。そして、亀頭の先端が陰唇に触れると、身体をビクッと震わせた。

「あンっ……あ、当たってます」

「そのまま、もっと腰を落として」

直樹は右手でペニスの根もとを支えると、左手で美緒の腰をつかんでゆっくり引きさげる。亀頭の先端が泥濘《ぬかるみ》にヌプッと沈んで、狙いは完全に定まった。

「もう先っぽが入ってるよ」

「大きいから、怖いです……」

「心配ないよ。ほら、ゆっくり」

両手で腰をつかむと、少しずつ引きおろしにかかる。

美緒は膣にペニスが入ってくるたび、呼吸を荒らげていく。息を短くハッ、ハッと吐き出して、膣口をひろげられる衝撃に耐えていた。

「あうぅッ」

ついに亀頭が女壺に収まった瞬間、美緒の顎が跳ねあがる。白い喉を晒して、艶めいた声を響かせた。

「いちばん太いところが入ったよ」

亀頭さえ挿入できれば問題ない。竿の部分は楽に入るはずだ。

「ひ、ひろがっちゃう……はンンッ」

美緒は眉を歪めてつぶやくと、自ら腰をじりじりと落としていく。ペニスがズブズブと埋まり、やがて根もとまで完全につながった。

「ああァッ、お、奥まで来てます」

「全部入ったよ……ううッ」

思わず呻き声が漏れる。

膣内が狭いため、締めつけが強烈だ。すでに我慢汁が大量に溢れており、ピストンしたい衝動がこみあげた。

「吉沢さんとひとつに……うれしいです」

美緒の瞳には涙が滲んでいる。

ペニスの圧迫感より、ひとつになった喜びのほうが勝っているらしい。直樹の首に両腕を巻きつけると、身体をぴったり寄せて抱きついた。

「大好きです……」

「お、岡島さん……」

直樹も両手を彼女の背中にまわして、しっかり抱き寄せる。

しかし、愛の告白をされても即答できない。美緒は確かにかわいいが、自分には縁のない女性だと思っていた。これまでは恋愛対象としては見ていなかった。ましてやセックスするなど、想像すらしたことがなかったのだ。

「答えなくてもいいです。抱いてもらえただけで、幸せですから」

美緒が耳もとでささやく。

そんな殊勝なことを言われたら、胸が痛むと同時に欲望がふくれあがる。思わず股間を突きあげると、膣のなかでペニスがズルッと動いた。

「あああッ」

美緒が耳もとで喘ぎ声をあげる。

挿入して言葉を交わしている間に、女壺がペニスの大きさになじんだようだ。美緒は膣内をえぐられて、たまらなそうに下腹部を波打たせた。

「ああンっ、す、すごいです」

「ううッ、岡島さんっ」

直樹も思わず呻き声を漏らす。

自分だけではなく美緒も感じているとわかるから、なおさら快感が大きくなる。さらに股間を突きあげて、カリで膣壁を擦りあげた。

「あンッ……あンッ……」

美緒は直樹の首にしがみつき、突かれるままになっている。

とはいっても、対面座位では激しくピストンできない。それがちょうどよかったのか、甘い声を振りまいている。下の口で太幹をしっかり咥えこんで、華蜜を次から次へと溢れさせていた。

「おおおッ……おおおおッ」

直樹は床についた両足の踵を浮かせて、股間をグイグイ突きあげる。

ソファの弾力を利用したピストンだ。ストロークこそ小さいが、抽送速度はどんどんあがっていく。ペニスを小刻みに出し入れすれば、結合部分から湿った蜜音が響きわたった。

「ああッ、ああッ、い、いいっ」

美緒の喘ぎ声が大きくなる。直樹の首すじに唇を押し当てると、愛おしげにチュウチュウ吸いはじめた。

「お、岡島さんのなか、すごくいいよ」

「うれしいです……あああッ」

耳もとでささやけば、美緒は自ら股間をグリグリと押しつける。するとペニスが締めつけられて、快感曲線が一気に跳ねあがった。

「くうううッ」

自然とペニスの突きあげに力が入る。リズミカルにピストンすれば、射精欲が急速に膨張した。

(ま、まだだ……まだダメだっ)

懸命に心のなかでくり返す。

先に美緒を絶頂に追いあげたい。せっかく好意を寄せてくれているのだ。どうせなら、男らしいところを見せたかった。

「おおおおッ、くおおおおッ」

奥歯を食いしばって男根を出し入れする。女壺はすっかりほぐれているので、カリで膣壁を擦りまくった。

「あああッ、そ、そんなにされたら……はあああッ」

美緒の反応が顕著になる。密着した女体が小刻みに震え出して、下腹部は大きく波打った。

「わ、わたし、も、もうっ……あああッ」

「イキそうなんだね。イッてもいいよ」

今にも達しそうなのは直樹も同じだ。しかし、余裕があるふりをして耳もとでささやきかけた。

「はあああッ、も、もうダメですっ」

「いいよ、先にイッていいよっ」

「あああッ、い、いいっ」

美緒がいっそう強く抱きついてくる。その直後、膣のなかがヒクヒクと波打つのがわかった。

「き、気持ちいいっ、あああああッ、イクッ、イクイクううううッ！」

ついに美緒が絶頂を告げながら昇りつめていく。

女体がガクガク震えて、全身の毛穴から汗がどっと噴き出す。女壺全体が猛烈にうねり、ペニスを思いきり絞りあげた。かわいい顔からは想像できないほど激しい反応だ。さらなる愉悦を求めているのか、股間をグイッとしゃくりあげた。

「おおおおッ、お、俺もっ、ぬおおおおおおおおおおッ！」

直樹も呻き声をあげて、こらえにこらえてきた欲望をぶちまける。

深く埋めこんだペニスが脈動したと思ったら、大量の精液が凄まじい勢いで噴きあがった。

対面座位で抱き合って、全身で女体の柔らかさを感じながら射精する。膣道が複雑に蠢くことで、精液が強制的に吸い出されるのは強烈な快感だ。ペニスが蕩けるような愉悦が押し寄せて、頭の芯が痺れはじめた。

どちらからともなく唇を重ねると、舌をからめて吸い合った。

絶頂しながらの口づけはあまりにも甘美で、なにも考えられなくなる。ふたりはきつく抱き合ったまま、いつまでもねちっこく腰を振りつづけた。

第五章　お別れ会はハーレム

1

奈保子が転がりこんで三週間になる。

美緒もそろそろ一週間だ。これだけ長期間になると、ふたりがいるのが当たり前になってくる。

直樹が部屋を提供する代わりに、女性陣が家事をしてくれる。そう取り決めたわけではないが、なんとなくそんな感じになっていた。

ほかの社員たちにばれないように、三人はバラバラに出社して、日中はこれまでどおり仕事をする。そして、夕方もバラバラに帰宅すると、食卓を共にするのだ。そんな秘密の共同生活が楽しかった。

美緒とセックスしたのは一度きりだ。

あのあとも誘ってくると思ったが、なにごともなかったように振る舞っている。奈保子も直樹と距離を取っており、指一本触れようとしなかった。

少し残念な気もするが仕方ない。奈保子は人妻だし、美緒とも交際しているわけではない。これ以上、都合よくセックスできるはずがなかった。

今夜も直樹が最初に帰宅すると、すぐに奈保子と美緒も順番に帰ってきた。

「明日は休みだし、久しぶりに外食しませんか」

直樹からふたりに提案する。

いつも準備してもらって、申しわけない気持ちがあった。ここのところ奈保子が料理を作り、美緒が洗いものをするのがパターンになっていた。

しかも、食材費は奈保子が出している。割り勘にしましょうと提案しても、自分が出すと言って聞かない。部下の部屋に押しかけているという、うしろめたさがあるようだ。

「いいですね。どこに行きますか？」

美緒が即座に反応する。行きたい店があるのか、早くもあれこれ思案する顔になっていた。

「たまにはいいわね」

奈保子も微笑を浮かべてうなずく。休んでもらいたかったので、提案に乗ってくれたことでほっとした。

その直後、スマホの着信音が鳴り響いた。

奈保子がスマホを取り出し、頬をこわばらせてスマホの画面を見つめる。

出るのを躊躇しているのだろうか。いや、出る勇気がないのかもしれない。着信音は鳴りつづけている。やがて奈保子は震える指で通話ボタンをタップすると、スマホを耳にあてがった。

「はい……」

声がやけに硬い。緊張が伝わり、直樹も美緒も全身を硬直させた。

「はい……はい……」

奈保子は無表情で相づちを打っている。

相手は旦那に違いない。これまで三週間も連絡がなかったのだ。いったい、なにを話しているのだろうか。

「わかりました」

奈保子は最後まで感情を抑えて通話を終えた。

スマホをしまうと、息を細く吐き出す。緊張の糸が解けたのか、瞳が微かに潤んで見えた。

「夫からよ」

　奈保子が静かに口を開く。直樹と美緒は無言で小さくうなずいて、奈保子の次の言葉を待った。

「わたしが家を出てから反省して、何社か面接を受けたみたい。仕事が決まってから連絡するつもりだったたから、三週間もかかったって」

　努めて冷静に話そうとしているのか、奈保子の声は淡々としている。

「ってことは……」

　直樹は思わず前のめりになっていた。

「ええ、次の仕事が決まったそうよ」

「よかったじゃないですか！」

　最初に喜びの声をあげたのは意外なことに美緒だった。

　なにかと対抗意識を持っていたが、ひとつ屋根の下で暮らすうちにわかり合う部分が出てきたのかもしれない。互いに家出をした身なので、いつしか共感していたのだろう。

「ありがとう」

　ようやく奈保子は微笑を浮かべた。

　旦那は謝罪の言葉をくり返していたという。奈保子は安堵したのか、目に涙をためていた。

「おめでとうございます」

直樹は複雑な思いを抱えながらも、お祝いの言葉をかける。

旦那が謝罪したということは、いよいよ奈保子は帰るのだろう。最初からわかっていたことだが、ついにこの日が来てしまった。

「いろいろ、ありがとう。お世話になりました」

奈保子があらたまった感じで礼を言う。その姿を目にして、本当に終わるのだと実感した。

「いつですか」

あえて短い言葉で尋ねる。聞きたくないが、聞かないわけにはいかなかった。

「明日、帰るわ」

奈保子は微笑を湛えたままつぶやいた。

――そんなに急いで帰らなくてもいいじゃないですか。

喉もとまで出かかった言葉を呑みこんだ。

引きとめるのは違う。これは奈保子が望んでいたことだ。旦那の仕事が決まり、謝罪もしてくれた。最高の結果だった。

「よかったですね」

直樹は無理をして笑顔を作る。しかし、うまく笑えているか自信がなかった。

「本当にありがとう。最後の夜だから、なにか作るわ。これまでのお礼をさせてほしいの」

　奈保子はそう言うと、直樹と美緒の顔を交互に見つめた。

2

「す、すごい……」

　直樹は思わず唸った。

　ローテーブルには奈保子の手料理が並んでいる。急遽スーパーに買い出しに行ってから、ひとりで作ってくれたのだ。

　生ハムとブロッコリーのサラダ、ガーリックシュリンプ、マッシュルームと牡蠣《かき》のアヒージョ、鶏肉を醤油ダレで漬けこんでから揚げる北海道の郷土料理・ザンギ、もちろんバゲットもある。さらにはビールとワインも用意してあった。

「わあっ、おいしそう」

　部屋から出てきた美緒が目を輝かせる。

　対抗意識が吹き飛ぶほどの豪勢な料理だ。はしゃいだ様子で、さっそくソファに腰かけた。

「おいしいかどうか、わからないわよ」

奈保子はそう言うが、食べる前からわかっている。これまで作ってもらった料理でまずかったことなど一度もない。絶対うまいに決まっていた。

「早く食べましょう」

直樹も床に座って奈保子を急かした。

「ちょっと待ってね。飲み物を準備するわ。まずはビールで乾杯しましょうか」

グラスにビールを注ぐと、奈保子もソファに腰かける。

「吉沢くん、お世話になりました。岡島さんもいろいろありがとう」

「では、課長の門出を祝って、カンパーイッ！」

僭越《せんえつ》ながら乾杯の音頭は直樹が取らせてもらった。

「本当によかったですね。おめでとうございます！」

美緒も元気よくグラスをかかげる。きっと最後は笑顔で送り出すと決めているのだろう。満面の笑みを浮かべていた。

「ふたりとも、おおげさなんだから」

奈保子も楽しげに笑っている。

三人で乾杯をして、いよいよパーティのはじまりだ。ビールで喉を潤して、豪勢な料理を口に運ぶ。どれを食べても絶品で、思わず唸ってしまう。

「このザンギ、最高ですよ」

「わたしはアヒージョが気に入りました」

ビールがあっという間になくなり、ワインの栓を抜いた。

料理がおいしいので酒が進む。三人で過ごす最後の夜とあって、大いに盛りあがった。気づくと、みんな顔が赤らんでいた。

今夜がいちばん楽しいかもしれない。こんな日がずっとつづけばいいのにと思ってしまう。だが、永遠などないこともわかっていた。

「岡島さん、大丈夫？」

奈保子がやさしく声をかける。

美緒はソファの背もたれに寄りかかり、静かな寝息を立てていた。お腹がいっぱいになったのか、それとも飲みすぎたのか、いつの間にか眠ってしまった。

「この様子だと、もう起きそうにないですね」

「そうね。寝かしつけてくるわ。岡島さん、お布団に行くわよ」

奈保子が肩を揺すると美緒はうっすらと目を開けた。

「おはようございます。もう朝ですかぁ」

完全に寝ぼけている。おそらく、この会話も記憶に残っていないだろう。

「ほら、立って。歩ける？」

「歩けますよぉ」

美緒はうながされて立ちあがると、奈保子に手を引かれて部屋に向かった。

このままふたりとも寝てしまうかもしれない。そう思ったのも束の間、すぐに奈保子だけ戻ってきた。

「ふたりで飲み直しましょうか」

「いいんですか？」

ついうれしそうな声が漏れてしまう。慌てて表情を引きしめるが、奈保子はなにも言わずに目を細めて「ふふっ」と笑った。

グラスにワインを注いでくれる。そして、あらためてふたりだけで乾杯した。

「吉沢くんが泊めてくれなかったら、どうなっていたのかな」

奈保子がぽつりとつぶやいた。

「もしかしたら、別れることになっていたかもしれないわ」

「それはいくらなんでも……」

「ううん、この三週間でお互い冷静になれたの。ホテルやネットカフェだったら、こんなに連泊できないでしょ。中途半端なときに帰っても、また喧嘩になってしまったと思うわ」

確かに、そうかもしれない。

少し距離を置いて会わない時間を作ったことで、相手の気持ちを考えられるようになったのではないか。きっとこういう試練を乗りこえて、夫婦の絆は深まっていくのだろう。

「なんだか、うらやましいです」

一瞬、嫉妬を覚えるが、それすら馬鹿らしく思えてくる。恋人さえいない直樹には、結婚など夢のまた夢だった。

「吉沢くんにも、きっといい人が現れると思うわ」

奈保子が穏やかな声でささやく。そして、手をそっと握ってくれた。

「か、課長……」

「最初のころは苛々していたの。でも、吉沢くんのやさしさに癒されたわ」

「俺は、なにも……」

「そばにいてくれるだけで伝わるものがあるのよ」

まっすぐ見つめられて、胸の鼓動が速くなる。握られている手が、緊張のあまり汗ばんでいた。

「汗、かいてるね」

「す、すみません……」

「いいのよ。ドキドキしてる？」

どう答えればいいのかわからず、直樹は目をそらして黙りこんだ。

「わたしはドキドキしてるわ。ほら」

奈保子は握った直樹の手を引き寄せて、自分の左胸にあてがった。

「わかるでしょう」

「わ、わかります」

ワンピースごしに胸の鼓動を感じる。だが、それより乳房の柔らかさのほうが気になった。

（ノ、ノーブラだ……）

直樹は思わず喉をゴクリと鳴らした。

先ほどまではブラジャーのラインがうっすら見えたので、つけていたのは間違いない。おそらく美緒を寝かしつけたときに、こっそりはずしたのだろう。

（もしかして……）

思わず奈保子の顔を見つめる。

直樹の考えているとおりだとしたら、正真正銘の不貞になるのではないか。これまでの二回の性交は、夫と揉めている最中だった。しかし、明日、奈保子は夫のもとに帰るのだ。

「最後にお礼させてくれない？」

そのセリフが直樹の欲望に火をつける。

細かいことなど気にする必要はない。ひとつ屋根の下で暮らす男と女だ。なにがあってもおかしくなかった。

「俺の部屋で……」

直樹がつぶやくと、奈保子はこっくりうなずいた。

3

部屋に入ってドアを閉めるなり、直樹と奈保子は抱き合って唇を重ねた。

舌をからめるディープキスだ。貪るように互いの口内を舐めまわして、唾液を何度も交換する。粘膜と粘膜をヌメヌメと擦り合わせることで、欲望が瞬く間に燃えあがっていく。

キスをしながら相手の服を脱がし合い、ふたりとも生まれたままの姿になった。

すでにペニスはすりこぎのように硬くなっている。奈保子の乳首も充血して、硬くとがり勃《た》っていた。

裸になって再び抱き合うと、ベッドの上に倒れこむ。執拗に舌をからめて、熱い息を相手の口内に吹きこんだ。

「ああンっ」

乳房を揉んで乳首を摘まむと、奈保子の唇から甘い声が溢れ出す。硬くなった乳首は感度があがっている。そこを指先で執拗に転がすことで、腰がクネクネとくねりはじめた。

奈保子がお返しとばかりに、直樹の股間に手を伸ばす。張りつめた太幹にほっそりした指を巻きつけて、ゆるゆるとスライドさせる。とたんに甘い刺激がひろがり、我慢汁がトロリと溢れた。

「ううぅッ」

呻き声を我慢できない。

興奮と快感の波が押し寄せて、さらに欲望がふくれあがる。奈保子の下半身に手を滑らせると、太腿の間に滑りこませた。

「そ、そこは……あああッ」

指先で陰唇に触れると、いっそう色っぽい喘ぎ声がほとばしる。そこは大量の華蜜で濡れそぼっていた。

クチュッ――。

中指の先端をゆっくり沈みこませていく。熱い媚肉がうねっており、たまっていた華蜜がトロトロ溢れ出した。

「課長のなか、すごく熱いです」

「はンンっ、ダメぇっ」

口ではそう言いながら、ペニスをしごきつづけている。

奈保子も昂《たかぶ》っているのは間違いない。華蜜は次から次へと分泌されて、股間をぐっしょり濡らしていく。膣襞が中指にからみつき、まるでフェラチオするようにウネウネと蠢いた。

「おおっ、も、もう挿《い》れたいですっ」

一刻の猶予もならないほど欲望がふくれあがっている。

女体を仰向けにして覆いかぶさると、張りつめた亀頭をサーモンピンクの陰唇に押し当てた。

「き、来て――あああああッ」

すぐさま体重を浴びせて挿入を開始する。蕩けきった女壺は、いとも簡単にペニスを受け入れた。

「おおおおッ」

膣口がキュウッと締まり、太幹をギリギリと絞りあげる。快感に耐えながら、一気に根もとまで埋めこんだ。

「はあああッ……こ、これよ、これがほしかったのっ」

奈保子のうわずった声が、牡の興奮に拍車をかける。膣のなかでペニスはさらに硬くなり、カリが大きく張り出した。

「ああンッ、い、いいっ」

「お、俺も……ぬうううッ」

休むことなく腰を振る。

ペニスを力強く出し入れすれば、女壺が呼応して激しくうねり出す。快感が快感を呼び、自然と抽送速度がアップした。

「す、すごいっ、吉沢くん、この前と全然違うわっ……あああッ」

奈保子の喘ぎ声が大きくなる。

最初にセックスしたときとは明らかに反応が違う。直樹自身は変わっていないつもりだが、奈保子は腰を右に左にくねらせている。膣のなかのうねりも激しくて、ペニスを奥へ奥へと引きこんでいた。

「ううッ、ま、まだまだっ」

そう簡単に流されるつもりはない。膣のうねりに逆らってペニスを引き出すと、カリが膣壁を思いきり擦りあげた。

「はああッ、い、いいっ、それ、気持ちいいっ」

奈保子が手放しで喘ぎはじめる。両手を直樹の腰に添えて、ピストンに合わせて股間をしゃくりあげた。

「おおおッ……おおおおッ」

ここぞとばかりに男根をたたきこむ。腰の動きを加速させて、とにかく膣のなかをかきまわした。

「ああッ、ああッ、も、もうっ、はあああッ」

喘ぎ声のトーンが一段あがった。

もしかしたら、絶頂が近づいているのかもしれない。奈保子を追いこんでいることを悟り、全力のピストンを繰り出した。

「くおおおおッ」

額から汗が飛び散り、奈保子の身体を濡らしていく。射精欲がふくらむが、奥歯を食いしばって腰を振りつづけた。

「あああああッ、も、もうダメっ、あああッ、あああああああああッ！」

女体が感電したように跳ねあがり、ガクガクと痙攣する。絶頂に達したのは間違いない。膣が猛烈に締まって、太幹を奥へと引きこんだ。

「くおおおッ、お、俺もっ、ぬおおおおおおおッ！」

雄叫びをあげながら射精を開始する。女壺が波打つことで、快感が何倍にもアップした。精液を放出しながらも腰を振りつづけて、ザーメンを膣のなかにたっぷり流しこんだ。

奈保子をイカせたことで、直樹の快感も大きくなっている。汗ばんだ女体を抱きしめると、絶頂の余韻のなかで唇を重ねていった。

4

舌をねちっこくからめて、唾液を味わっているときだった。

物音に気づいて顔をあげると、部屋のドアが開いており、美緒が呆然と立ちつくしていた。

「なにやってるんですか……」

抑揚のない声だった。

淡々としているところに、逆に怒りの大きさを感じる。ふだんはクリクリして愛らしい瞳が、なにやら強い光を放っていた。

（や、やばい……）

興奮がスーッと引いて、焦りがこみあげる。

とっさに言いわけを考えるが、すぐにあきらめた。裸で抱き合っているところを見られたのだ。なにを言っても無駄だろう。

奈保子の顔にも焦りの色が滲んでいる。しかし、それ以上はなにも言わずに黙りこんだ。

「お、岡島さん……」

「ふたりとも、声が大きすぎますよ。おかげで目が覚めちゃいました」

美緒はしゃべりながら、ゆっくりベッドに歩み寄ってきた。

直樹は挿入したままだったペニスを引き抜いて、ベッドに腰かける。ペニスはまだ半勃ち状態で、愛蜜とザーメンにまみれてドロドロになっていた。

「おかしいと思っていたんです。やっぱり、こういう関係だったんですね」

冷めた目で見おろされても、なにも反論できない。直樹は視線を合わせることができずにうつむいた。

「課長もひどいです。わたしの気持ちを知っていたくせに……」

美緒は平坦な声でつぶやきながら服を脱ぎはじめる。ブラジャーとパンティも取り去り、あっという間に全裸になった。

張りのある乳房に薄ピンクの乳首、なめらかな曲線を描いている腰、陰毛がうっすらとしか生えていない恥丘も剝き出しだ。こんな状況でなければ即座に欲情して、裸体にむしゃぶりついていただろう。

「課長には絶対に負けたくありません」

はじめて感情を露にすると、美緒は直樹の前にひざまずいた。なにをするのかと思えば、半勃ちのペニスに指を巻きつけて、愛蜜とザーメンにまみれている亀頭をいきなり口に含んだ。

「くううッ、お、岡島さんっ」

たまらず呻き声が溢れ出す。罵詈雑言《ばりぞうごん》を浴びせられると覚悟していたのに、まさかフェラチオされるとは思いもしない。美緒は小さな口を懸命に開いて、頭をゆっくり振りはじめた。

「はむっ……ンンンっ」

拙い動きだが、それ以上に情熱を感じる。懸命にしゃぶる姿に興奮がかきたてられて、口内のペニスがムクムクと膨張した。

「あふううっ」

美緒の眉間に苦しげな縦皺が刻まれる。

肉棒が反り返ったことで、亀頭が喉の奥に達していた。それでも途中でやめることなく首を振り、舌で亀頭を舐めまわす。愛蜜とザーメンが付着しているのに、構うことなくジュルジュルと吸いあげた。

「ううウッ、す、すごいっ」

直樹が唸ると首の動きが速くなる。なんとしても感じさせたいという強い意思が伝わってきた。

「岡島さんが、こんなことするなんて」

ふいに背後から奈保子がささやく。

いつの間にか身体を起こして膝立ちになり、直樹の両肩に手を置いている。唇を耳に寄せて、熱い息を吹きこんできた。

「ねえ、わたしのフェラとどっちが気持ちいいの？」

「そ、それは……」

直樹は口を開きかけるが、すぐに言葉を呑みこんだ。

テクニックでは断然、奈保子がうわまわっている。しかし、美緒には経験不足を補う情熱があった。快感の大きさは甲乙つけがたい。簡単に勝敗を決めることはできなかった。

「答えられないのね」

奈保子は背後から耳たぶを甘噛みすると、両手をまわしこんで胸板をゆったり撫でまわす。指先が乳首をかすめると、甘い刺激が走って体がビクッと反応した。

「乳首も感じるでしょう」

奈保子は含み笑いを漏らして、背後から愛撫をつづける。

こうしている間も、美緒はペニスをしゃぶっていた。柔らかい唇で硬直した太幹をしごき、舌を亀頭に這いまわらせる。懸命に首を振る姿が興奮を煽り、我慢汁がトクトク溢れ出した。

「あふっ、大きい……あふぅっ」

美緒がペニスを頬張ったまま、上目遣いに見あげる。

視線が重なることで快感が倍増して、思わず両手を彼女の後頭部にまわしこむ。すると、美緒はうれしそうに目を細めて男根を吸いあげた。

「くおおッ。す、すごいっ」

フェラチオの快感に呻き声が漏れると、乳首をキュッと摘まれる。そして、指先でやさしく転がされた。

「ほら、乳首がこんなに硬くなってるわよ」

奈保子が耳たぶをしゃぶりながらささやく。さらには舌を耳の穴に忍ばせて、ヌメヌメと舐めはじめた。

「ううゥッ、き、気持ちいいっ」

無意識のうちに快感を訴える。すると、即座に美緒が反応した。

「オチ×チンが気持ちいいんですよね」

ペニスを口に含んだまま、くぐもった声で尋ねる。

もちろん、美緒のフェラチオは気持ちいい。だが、それだけではないので答えられない。

「乳首が気持ちいいのよね」

奈保子がそう言いながら、乳首を指先でやさしく摘まんだ。

硬くなった乳首を転がされると、せつなさをともなう快感がひろがっていく。それがペニスにも伝わり、感度をアップさせていた。

ふたりはまるで競うように、直樹に愛撫を施している。

美緒が嫉妬の炎を燃えあがらせているのは明らかだ。奈保子への対抗意識から、なれないフェラチオにチャレンジしていた。

一方の奈保子に対抗意識は感じられない。むしろ、この状況を楽しんでいる節がある。直樹を感じさせることで、わざと美緒を煽っているのだ。

「ど、どうして、こんなこと……」

直樹は背後をチラリと見やってつぶやいた。

「だって、そうそう体験できることじゃないでしょう」

奈保子は妖しげな笑みを浮かべている。

確かに、こんな機会はめったにないだろう。これからの人生で、これほどハチャメチャで刺激的な夜は二度とない。そのことに気づくと、今がとても貴重な時間に思えてくる。

後悔がないように、最後の夜をしっかり謳歌《おうか》したかった。

5

「岡島さん、ありがとう。ベッドにあがってくれるかな」

直樹は美緒の髪をやさしく撫でて声をかけた。

意味がわからなかったのか、美緒はペニスを口に含んだまま、きょとんとした顔になった。

「とっても気持ちよかったよ。今度は岡島さんを気持ちよくしてあげる」

そう言うと、美緒の目に喜びの色が浮かんだ。フェラチオを中断して、いそいそとベッドにあがってくる。

「課長もですよ。今度は俺が感じさせてあげますよ」

「ふふっ、生意気になったわね」

奈保子はそう言いつつ、期待に満ちた顔になる。

「どうすればいいの？」

「ふたり並んで四つん這いになってください」

直樹は自分の吐いたセリフにゾクゾクした。

まさか上司と後輩に、こんなことを命じる日が来るとは思いもしない。せっかくの機会なので、バックから突きまくるつもりだ。

「これでいいの？」

反発されるかもしれないと思ったが、奈保子は素直に這いつくばり、直樹に向かって尻を突き出した。

「あっ、わたしも」

美緒も慌てて奈保子の隣で四つん這いになる。尻を高く持ちあげると、アピールするように左右に振った。

「ふたりとも、いやらしい格好ですね」

目の前に壮観な光景がひろがっていた。

右側に奈保子のむっちりと熟れた尻、左側に美緒のプリッとした若い尻がある。タイプの異なる尻が並ぶことで、それぞれの魅力を引き立てるのだ。奈保子の尻は肉づきがよくて、ひとまわり大きい。美緒の尻は小ぶりで、頂点が高い位置にある。甲乙つけがたい双つの美尻だ。

「まずはこっちから……」

直樹は奈保子の熟れ尻のうしろで膝立ちになった。

むちむちの尻たぶに手のひらを這わせて、なめらかな肌の感触を堪能する。指を曲げれば、柔肉のなかにズブズブと沈みこんだ。

「ああンっ、吉沢くん……」

奈保子が焦れたような声をあげる。

先ほど絶頂に達したばかりだが、もう欲情しているらしい。尻を左右に振って、挿入をねだりはじめた。

「課長なのに、はしたないですね」

くびれた腰をつかむと、亀頭の先端をサーモンピンクの陰唇に押し当てる。そして体重を浴びせるようにして挿入した。

「はああああッ」

奈保子の唇から、喘ぎ声がほとばしる。

すると、隣の美緒が不満げな瞳で振り返った。

「課長ばっかり……ずるいです」

唇をとがらせた顔が愛らしい。それでいながら、瞳の奥には欲情の炎が揺らめいていた。

「あとでたっぷり突いてあげるよ」

直樹は美緒に向かって声をかけると、奈保子の熟尻を抱え直す。そして、さっそく腰を振りはじめた。

「あああッ、さっきと違うところに当たってるわ」

背中をググッと反らして、奈保子が艶めいた声を響かせる。

直樹はくびれた腰やむっちりした尻を撫でまわしながら、ペニスをグイグイと突きこんだ。

「この格好だと、入ってるところがまる見えですよ」

太幹が出入りするさまが、はっきり観察できる。挿れるときは二枚の陰唇を巻きこみ、引き出すときは陰唇が外側にめくれて膣口もふくらんだ。同時に大量の華蜜がかき出されて、結合部分がグショグショに濡れていく。

「い、いやよ、ああッ、そんなところ見ないで」

「そう言われると、よけいに見たくなるんですよね」

羞恥を煽るように告げると、ピストンを加速させる。

「ああッ……ああッ……」

奈保子の喘ぎ声が高まり、膣の締まりが強くなった。

「くおおおッ」

射精欲がこみあげるが、理性の力で抑えこむ。そして、さらなるピストンを繰り出して、膣壁を猛烈に擦りあげた。

「こ、こんなに激しいなんて、はあああッ」

奈保子は尻を高く掲げた状態でヒイヒイ喘いでいる。

先ほどの絶頂で、感度の高い状態が継続していたのかもしれない。早くも耐えられないといった感じで、尻たぶを小刻みに震わせた。

「はううッ、も、もうダメっ」

「イクんですか。課長がイクところ、見ててあげますよ」

直樹は絶頂に巻きこまれないように、全身の筋肉を力ませながら腰を振る。ペニスを勢いよく出し入れして、女壺をこれでもかとかきまわした。

「み、見ないでっ、ああああッ、イクッ、イクッ、はあああああああッ！」

ついに奈保子が絶頂の急坂を駆けあがる。獣のポーズで全身を痙攣させて、あられもない声を振りまいた。

「ぬうううッ」

膣が猛烈に締まり、直樹は尻の筋肉を引きしめる。猛烈な勢いで押し寄せた射精欲をなんとかやり過ごした。

(あ、危なかった……)

額には汗が滲んでいる。先ほど射精していなければ、間違いなく流されていただろう。奈保子の膣がもたらす快感は強烈だった。

「はああンっ……」

ペニスを引き抜くと、奈保子が甘い声を漏らして突っ伏した。

絶頂に達して力つきたらしい。汗ばんだ背中を上下させて、ハアハアと荒い息をまき散らしていた。

「岡島さん、お待たせ」

直樹は美緒の背後に移動して語りかける。

そして、両手でくびれた腰をそっとつかんだ。こうして連続で女体に触れると、違いがはっきりわかる。全体的に奈保子のほうが肉づきがよく、美緒は脂肪が少なくて細身だった。

「ああンっ、早くぅ……」

放置されていた美緒は、焦れたように腰をくねらせる。

ペニスが欲しくて仕方がないらしい。隣で奈保子が絶頂する姿を見せつけられたのだから、なおさら欲情しているのだろう。

「すぐに挿れてあげるよ」

張りのある尻たぶを撫でまわして、亀頭の先端をミルキーピンクの割れ目に押しつける。すでに大量の華蜜で濡れており、軽く触れただけなのにニチュッという湿った音が響きわたった。

「すごいね。オマ×コがトロトロになってるよ」

わざと卑猥な言葉を投げかける。すると、美緒は我慢できなくなったのか、自ら尻をグイッと押しつけた。

「はあああっ」

亀頭が半分ほど膣口にはまる。陰唇がヒクヒク震えて、張りつめた亀頭の表面を撫でまわした。

「自分から挿れちゃうんだ」

「だ、だって……」

美緒が濡れた瞳で振り返った。

こうしている間も、腰を右に左にくねらせている。熱い肉棒を奥まで挿れてほしくて焦れていた。

「大丈夫だよ。あとは俺にまかせて」

直樹は細い腰をつかむと、亀頭を完全に埋めこんだ。とたんに膣口が収縮して、カリ首を締めつけた。

「ああああッ」

「くおおッ、こ、これはすごいっ」

慌てて尻の筋肉に力をこめると、射精欲を抑えこんだ。

奈保子の膣は蕩けそうな感触だったが、美緒の膣は狭くて締まりも強烈だ。種類の異なる快感が、ペニスから全身へとひろがっていた。

「こんなに締めつけて、よっぽど欲しかったんだね」

ペニスを出し入れして、膣のなかをかきまわす。美緒は押し寄せる快感に耐えるように、両手でシーツを握りしめた。

「あああッ、い、いいっ」

いきなり、甲高い声がほとばしった。

美緒は最初から全開で喘いでいる。ペニスをしゃぶったことで興奮していたのだろう。膣のなかには、大量の華蜜がたまっている。ひと突きごとに、華蜜が溢れ出してドロドロになっていく。

「あああッ、あああッ、も、もうっ……」

「くううッ、お、俺もっ」

直樹の快感も限界まで高まっていた。

何度も射精欲を耐えたことで、寸止めをくり返しているような状態だ。もうこれ以上は我慢できない。ピストンがどんどん速くなり、股間を瑞々しい尻たぶに何度も打ちつけた。

「はああッ、い、いいっ、あああああッ」

美緒の背中が反り返る。膣の締まりも強くなって、快感の大波が轟音を響かせながら押し寄せた。

「おおおおッ、ぬおおおおおッ」

もはやまともな言葉を発する余裕はない。ラストスパートの抽送に突入して、全力でペニスを出し入れする。

「あああッ、イ、イクッ、イッちゃうっ、あああッ、イックうううううッ！」

美緒が尻を押しつけながら、絶叫にも似たよがり泣きを響かせる。

ついにアクメの嵐に巻きこまれたのだ。高く掲げた尻たぶに力が入る。女体をガクガク震わせて、ペニスを猛烈に絞りあげた。

「くおおおおッ、で、出るっ、出る出るっ、おおおおおおおおッ！」

獣のような咆哮を轟かせる。耐えに耐えてきたことで、凄まじいまでの快感が脳天まで突き抜けた。

ペニスを最深部までたたきこみ、膣のうねりを感じながら大量のザーメンを注ぎこむ。脈動する肉棒を女壺が猛烈に絞りあげる。その結果、射精の勢いが増して、快感もふくれあがった。

頭のなかがまっ白になり、もうなにも考えられない。今はただ、この世のものとは思えない愉悦に溺れていたかった。

6

翌朝、奈保子は荷物をまとめて出ていった。

ひとり減ったことで、急にリビングがひろくなったように感じる。だが、うれしくはなかった。

直樹と美緒はぼんやりソファに腰かけている。

なにもする気が起きない。昨夜の激しい交わりが嘘だったように、しんみりとした空気が流れていた。

「じつは……」

小一時間ほどすぎたとき、美緒が静かに口を開いた。

「母から連絡があったんです。お見合いはしなくていいから帰ってきなさいって」

美緒はそれきり黙りこむ。だが、考えていることは伝わった。

「そうか……」

直樹は短く返した。

なにを言っても変わらないだろう。それに直樹に引きとめる権利はない。

セックスをして快楽を共有したのは事実だが、夫でもなければ恋人でもない。直樹はただの同僚だ。美緒を束縛することはできなかった。

「いつ……」

「今日、帰ります」

涙をこらえているような声だ。

美緒の顔を見ることはできなかった。もし泣いていたら、もらい泣きしてしまいそうだった。

「お世話になりました。このご恩は一生忘れません」

仰々しい挨拶だけが耳に残っている。

同じ日の午後、美緒も帰ってしまった。

直樹は通りに出て、美緒の背中が見えなくなるまで見送った。心境とは裏腹に、空は雲ひとつなく晴れ渡っていた。

直樹は三週間ぶりにひとりになった。

(もとの生活に戻るだけだ……)

そう自分に言い聞かせるが、がらんとしたリビングを見ると寂寥感に襲われた。東京から転勤してきたばかりのころを思い出す。いや、それ以上に失ったものの大きさを感じている。胸にぽっかり穴が開いたような心境だ。いつか時間が解決してくれるのだろうか。

7

奈保子と美緒がいなくなり十日が経っていた。

朝ひとりで起きて出社する。仕事を終えると、誰もいない部屋に帰ってくる。飯を食ってシャワーを浴びて、ひとりで眠る。

いつもどおりの生活だ。以前もこうしていたはずだ。しかし、常に虚しさが胸の奥にある。ハーレムのような最後の夜が忘れられない。今にして思うと、すべてが夢のような時間だった。

同居生活を送ったことは三人だけの秘密だ。当人同士の間でもいっさい触れないのが暗黙の了解となっていた。

しかし、平日は必ず顔を合わせるのが気まずかった。

とはいっても、奈保子も美緒もなにごともなかったように淡々としている。むしろ以前より距離が開いたような気がしていた。

奈保子は夫のもとに戻ったのだから理解できる。しかし、美緒は直樹に好意を寄せていた。それなのに、ほとんど話しかけてこなくなった。毎朝、掃除を手伝っているが、会話が弾むことはなくなっていた。

（迷惑なのかな……）

直樹は心のなかでつぶやいた。

たった今、部屋に帰ってきたところだ。心身共に疲れきっており、食欲が減退している。ジャケットを脱ぐと、とりあえずソファに腰かけた。

今朝も美緒とは挨拶を交わしただけだった。

――おはよう。

――おはようございます。

それだけで会話は終了した。

あとは無言で掃除をしているうちに、ほかの社員たちがばらばらと出社する。胸に残るのは虚しさだけだ。

（もう明日から早く出社するのはやめにしよう……）

朝からいやな気分になりたくない。

そもそも掃除は美緒の役目で、直樹は手伝いをしているだけだ。それなのに冷たくされるのは耐えられなかった。

（このまま寝ちゃおうかな……）

食欲はないし、シャワーを浴びるのも着替えるのも面倒だ。ズルズルとソファに倒れこんで横になった。

目を閉じると睡魔がゆっくりやってくる。

やがて意識が暗闇のなかに沈みはじめたとき、ピンポーンッという電子音が鼓膜を不快に振動させた。

インターホンのチャイムだ。

こんな時間に来るのは、ろくなものではない。なにかの勧誘だろう。そう決めつけて再び目を閉じた。

ピンポーンッ——。

またしても睡眠を邪魔されてイラッとする。

どんなやつなのか見てやろうと思って、ソファから起きあがるとインターホンのパネルに歩み寄った。

「あっ……」

液晶画面を見た瞬間、思わず声が漏れる。

そこには美緒が映っていた。淡いピンクのワンピースにダッフルコートを羽織っている、寒そうに肩をすくめてインターホンのカメラを見つめていた。

「ど、どうしたの？」

直樹は慌てて通話ボタンを押した。

「寒いです。早く入れてください」

美緒はなにやら怒っている。とにかく解錠ボタンを押して自動ドアを開けた。

急いで玄関に向かうとドアを開ける。間もなく到着した美緒は、直樹の顔を見るなり抱きついた。

「ただいまぁっ」

そのままチュッと口づけされて、とまどってしまう。なにが起きているのか、まったく理解できなかった。

「晩ご飯、食べちゃいました？」

「い、いや、まだだけど」

「じゃあ、わたしが作ってあげます！」

よくわからないが、美緒はやけに張りきっている。いったい、なにがあったのだろうか。

「じつは、お料理の特訓をしていたんです」

美緒は部屋にあがると、まっすぐキッチンに向かう。スーパーに寄ったらしく、食材の入ったレジ袋を両手にぶらさげていた。

「料理の特訓？」

「そうですよ。吉沢さんが課長の料理をうまいうまいって食べてたのを見て、わたしもやらなきゃって思ったんです」

どうやら、この十日間、料理の特訓に明け暮れていたらしい。

仕事中も調理のイメージトレーニングをしていたため、直樹との会話もうわの空になっていたようだ。

「課長の料理はすごくおいしかったですけど、わたしも負けてないですよ。今夜のメニューは、バレンシア風パエリアと――」

「ちょ、ちょっと待って、まさか、また家出をしてきたんじゃ……」

「違います。親には好きな人のところに行くって、ちゃんと話してきました」

美緒はそう言って、にっこり微笑んだ。

もしかしたら、また転がりこむつもりではないか。でも、それも悪くない。また賑やかな同居生活がはじまりそうな予感がした。

（了）

＊本作品はフィクションです。作品内に登場する人名、地名、団体名等は実在のものとは関係ありません。

長編小説

ゆうわく家出妻《いえでづま》

葉月奏太《はづきそうた》

2023年10月9日　初版第一刷発行

ブックデザイン…………………… 橋元浩明(sowhat.Inc.)

発行人…………………………………… 後藤明信

発行所…………………………………… 株式会社竹書房

〒102-0075　東京都千代田区三番町8－1

三番町東急ビル6F

email：info@takeshobo.co.jp

http://www.takeshobo.co.jp

印刷・製本……………………… 中央精版印刷株式会社